nivel

HENRY CLOUD

Prólogo por JOHN C. MAXWELL

cosas que un líder debe hacer

Vida®

La misión de *Editorial Vida* es proporcionar los recursos necesarios a fin de alcanzar a las personas para Jesucristo y ayudarlas a crecer en su fe.

9 COSAS QUE UN LÍDER DEBE HACER
Edición en español publicada
por Editorial Vida -2008
Miami, Florida

© 2008 Editorial Vida

Publicado en inglés con el título
9 Things a Leader Must Do
por Integrity Publishers
© 2006 por Henry Cloud

Traducción, edición y diseño interior: *Gisela Sawin*
Diseño de cubierta: *Pablo Snyder*

Reservados todos los derechos. A menos que se indique lo contrario, el texto bíblico se tomó de la Santa Biblia Nueva Versión Internacional.
© 1999 por Sociedad Bíblica Internacional.

ISBN: 978-0-8297-5161-1

Categoría: Vida cristiana / Crecimiento profesional

Impreso en Estados Unidos de América
Printed in the United States of America

08 09 10 11 12 ❖ 6 5 4 3 2 1

CONTENIDO

Prólogo de John C. Maxwell 5
Introducción: Líderes visionarios 7

9 COSAS QUE UN LÍDER DEBE HACER

1. **Excave su alma** 13
   Primera cosa: Los líderes visionarios exploran profundamente sus corazones e invierten en sus deseos e impulsos internos

2. **Arranque el diente enfermo** 25
   Segunda cosa: Los líderes visionarios no permiten que las cosas negativas ocupen espacio en su vida.

3. **Reproduzca toda la película** 35
   Tercera cosa: Los líderes visionarios evalúan sus decisiones en el presente sobre la base de cómo afectarán el futuro.

4. **Quítele el trabajo a superman** 45
   Cuarta cosa: Los líderes visionarios se preguntan constantemente: «¿Qué puedo hacer para mejorar esta situación?»

5. **Abrace a su insecto interior** 55
   Quinta cosa: Los líderes visionarios logran metas importantes dando pasos pequeños en el transcurso del tiempo.

6. **Gane un cinturón negro en el odio** 65
   Sexta cosa: Los líderes visionarios desarrollan la capacidad de detestar las cosas correctas.

7. **Olvídese del juego limpio** 75
   Séptima cosa: Los líderes visionarios devuelven mejor de lo que reciben.

8. **Deje de exagerar sobre sí mismo** 85
   Octava cosa: Los líderes visionarios no luchan por ser o por aparentar más de lo que realmente son.

9. **Ignore las encuestas sobre popularidad** 97
   Novena cosa: Los líderes visionarios no toman decisiones sobre la base del temor a las reacciones de los demás.

Conclusión: Cómo convertirse en un líder visionario o exitoso 109

PRÓLOGO

Una de las cosas que admiro acerca de Henry Cloud es su pasión por ayudar a los demás. Sus libros y disertaciones han mejorado la vida de mucha gente. Él es exitoso y llega a los demás para ayudarlos a que también lo sean, en el aspecto emocional, espiritual y profesional.

Estudié y enseñé liderazgo toda mi vida adulta. Puedo ver que como uno de los más importantes expertos en las relaciones, Henry trae una perspectiva única y convincente al tema del liderazgo. Sus observaciones provienen del corazón y están arraigadas en su interacción con las personas, muchas de cuyas historias comparte en este libro.

Especialmente, valoro que Henry observe el liderazgo de adentro hacia afuera e incluya en su mensaje el hecho de apropiarse de quiénes somos y de cómo interactuamos con los demás. Además, brinda acciones específicas que podemos adoptar para crecer y mejorar en cada una de las nueve áreas que presenta.

Mientras usted lo lea con el corazón y la mente abiertos, oro por que, con la ayuda de Dios, avance al próximo nivel y lleve a otros con usted. Eso, después de todo, es de lo que se trata el liderazgo.

John C. Maxwell

INTRODUCCIÓN
LÍDERES VISIONARIOS

Parecía como si estuviera volviendo a ver un episodio de *Los archivos X* o *La dimensión desconocida.* Estaba en una reunión de negocios, en una situación de consulta o en compañía de otras personas que, de alguna manera, se habían distanciado del rebaño cuando llegaba el tema del éxito en los negocios. Pensaba: *Espera un minuto... conocí antes a esta persona.* Pero sabía que estaba viendo por primera vez a ese individuo. Sin embargo, la experiencia siguió repitiéndose, cada vez que tenía ese tono familiar de *Te conozco de algún lado,* en presencia de una persona nueva. Por lo menos, me recordaba a alguien que había conocido antes, pero ¿quién podría ser?

Luego, un día advertí algo: estaba ocupado en un acuerdo comercial, y surgió una situación particular. Uno de mis amigos del trabajo dijo que él se ocuparía del asunto que estábamos tratando. Ofreció una manera de manejarlo, y avanzamos al tema siguiente. Pero yo tenía ese mismo sentimiento de visionario sobre lo que estaba sucediendo.

¿Por qué me resulta tan familiar?, me pregunté. Después me di cuenta: lo que sentía no tenía nada que ver con mi amigo o con nadie más de la sala, sino *con lo que hizo mi amigo;* era la manera en que manejaba la situación. Eso es lo que me era familiar. Había visto a otra persona hacer eso mismo hacía una semana. El hombre con el que estaba en el momento y la persona con la que había estado la semana anterior, en circunstancias similares y enfrentando un dilema parecido, había respondido exactamente de la misma manera. *Era como si todas las personas fueran la misma persona, de algún modo.* Pero aquí está lo interesante del caso y lo que se sumaba a la confusión: todas ellas diferían mucho una de la otra. Muchas estaban en los negocios o en otros campos del liderazgo, pero eran diferentes en sus antecedentes, personalidades, circunstancias económicas y capacidades. Sin embargo, eran iguales en que compartían esta forma particular de manejar la vida y el trabajo. Y esa cosa en común, advertí, era la de tener la misma visión que continuaba experimentando.

TRES COSAS DE LAS QUE ME DI CUENTA

Al reflexionar sobre las personas que poseían este patrón de conducta en común, algo más era evidente: *Todos eran exitosos en lo que hacían.* Progresaban. No se quedaban atascados en los mismos errores, una y otra vez. Alcanzaban sus metas y descubrían qué estaban buscando en su trabajo y en sus vidas. Pensé que debía de haber una conexión entre su éxito y este patrón que seguía observando. Sopesando este fenómeno, me di cuenta de tres cosas:

Primera: La respuesta a la pregunta sobre quién era esta persona no se refería a una persona, sino a una forma de comportarse. Me di cuenta de que estaba mirando una forma de comportarse, un patrón de conducta. Una vez que lo reconocí, decidí buscarlo aún más. Era un camino que tomaban los líderes exitosos ante determinadas opciones.

Segunda: Las personas que habían descubierto qué buscaban en la vida, parecían hacer un determinado conjunto de cosas. Comencé a identificar varias formas de comportamiento y a responder qué tenían en común los líderes exitosos: las maneras en que se manejaban a sí mismos, a sus relaciones, a su trabajo y a sus vidas. No había un tipo de personalidad característico que tuvieran en común; pero sí, *varias* formas en que vivían la vida y hacían los negocios, que eran practicadas por la mayoría.

Tercera: Si alguien no nació con estos patrones para el liderazgo, puede aprenderlos. Después de observar una y otra vez a estas personas, me resultó claro que tenían estos principios provenientes de lugares diferentes: familia, mentores, terapia, búsqueda, despertar espiritual, desastre y demás. No había un patrón coherente para adquirirlos que yo pudiera identificar. Pero eso decía algo más importante que si hubiera descubierto una historia especial que todos compartían, ya que, al no haber nada en común en los antecedentes o en los coeficientes intelectuales de ellas, esas conductas no residían en ningún tipo de persona; trascendían todos los antecedentes, talentos y limitaciones.

Así, *existen por su propia cuenta y están disponibles para todos nosotros.* No hay cosas que una persona «posea» y que otra no, como un talento. En cambio, todos podemos aprender estos patrones que funcionan todas las veces y que conducen a vidas mejores. Mi firme creencia es que, una vez que aprenda este patrón, su vida y la de aquellos que conduce nunca serán iguales.

9 COSAS QUE HACEN LOS LÍDERES VISIONARIOS

Este patrón de comportamiento que descubrí en los líderes visionarios, que consta de *nueve cosas* que todo líder debe hacer, es como la gravedad que, aunque no se la pueda ver, existe. Coopere con ella y le ayudará a hacer grandes cosas. Incluso, volar. Ignore la gravedad y se caerá y se lastimará. Del mismo modo, estas *nueve cosas* están allí, y podemos trabajar con ellas para lograr grandes resultados en los negocios, las relaciones y otras áreas de la vida; o ignorarlas y sufrir las consecuencias.

INTRODUCCIÓN

Ahora bien, yo no diría que mi forma particular de comunicarlas es tan certera como las leyes demostradas de la física, pero, sí, esto: Trabajando con mucha gente y practicando yo mismo estas *nueve cosas*, ellas han demostrado ser completamente dependientes. Estoy convencido de que pueden ayudarlo a evitar que se dé de bruces contra el piso. En los siguientes capítulos, veremos de dónde provienen, cómo funcionan, cómo ponerlas en práctica y los problemas resultantes de no seguirlas.

Elegí estas *nueve cosas* por tres razones específicas.

Primero, son caminos o patrones de comportamiento que realmente marcan una enorme diferencia en las vidas y en el liderazgo de los que las practican. Considero que son muy fructíferas.

Segundo, evitar estos principios puede conducir a consecuencias desastrosas, tales como la pérdida de sueños, metas, potencial, relaciones, rédito, participación en el mercado, confianza, y hasta fe.

Tercero, estos principios, con frecuencia, se ignoran. Pocas veces oigo que se hable de ellos como patrones específicos para ser observados y diligentemente aplicados.

El sabio rey Salomón advierte: «Aférrate a la instrucción, no la dejes escapar; cuídala bien, que ella es tu vida» (Proverbios 4.13). Estas *nueve cosas* son sabiduría, principios que Dios mismo ha colocado en su lugar para que los aprendamos. En este libro veremos esta sabiduría en las vidas y experiencias de lo que denomino «líderes visionarios» para ver cómo pueden instruirnos. Lo que obtengamos nos ayudará a encontrar cada vez más el éxito para el que fuimos creados.

Comencemos ahora y observemos los nueve principios para aprender cómo pueden ayudarlo a conducirse cada vez con más éxito.

1

EXCAVE SU ALMA

Primera cosa
*Los líderes visionarios exploran profundamente sus
corazones e invierten en sus deseos e impulsos internos.*

Hace muchos años, había una pequeña de menos de dos años de edad que estaba jugando en la sala de su casa antes de la hora de irse a dormir. Levantaba un par de bloques y los apilaba sobre otro. Luego agregaba otro bloque más, y luego otro. Cada vez que lo hacía algo se encendía dentro de ella. ¡Estaba tan entusiasmada de ver la torre de bloques que había construido!

Mamá y papá también lo advirtieron, y su entusiasmo era como el de ella. «Eso está muy bien, Susie», exclamaban.

Todos disfrutaban del momento, pero lo que estaba sucediendo en realidad era mucho más que el gozo de un instante. Era un milagro. Porque Susie estaba descubriendo dos de las fuerzas más poderosas del universo: El talento y el deseo que Dios había plantado en lo profundo de su ser.

En preescolar y en el jardín de párvulos, Susie dedicaba horas a dibujar y pintar en la clase de arte. Cuando tomaba con su mano el lápiz o el pincel, algo especial sucedía. No solo proporcionaba un nivel diferente de gozo al del fútbol, sino que sus maestras lo advertían y la alentaban con cada dibujo.

A medida que continuó su escolaridad, Susie encontró el mismo tipo de atracción en sus clases de matemática, una atracción de la que carecía en literatura y en español. Sus padres no solo fomentaban sus intereses, sino que la ayudaban cuando ella luchaba y le enseñaban el valor del trabajo arduo y del estudio. Como resultado de ello, Susie se graduó en la universidad con honores, continuó en la escuela de graduados y se convirtió en lo que había soñado desde la escuela secundaria: en una gran y exitosa arquitecta. He participado en seminarios que se realizaron en los auditorios que Susie diseñó, y son magníficos. Y todo comenzó en el pequeño corazón de una niñita.

Cave hasta encontrar el deseo de su corazón

Todo lo que vemos a nuestro alrededor, en el mundo visible, incluso, en el corazón de Susie, comenzó en el mundo invisible del alma. Primero fue un talento, luego un sueño. Llegó a ser algo debido a la disciplina y al deseo, ingredientes invisibles que viven en el alma de hombres y mujeres. Para los líderes exitosos, el mundo invisible es donde se origina el mundo visible. La vida real está en lo que reside en lo profundo de ellos.

Lo mismo se aplica a todos los niveles de liderazgo en el mundo de los negocios. Cada trato exitoso, cada escalón nuevo de la escalera corporativa, cada diseño de proyecto, cada fusión de compañías y cada campaña de ventas exitosa comienzan en el alma invisible de los seres humanos. El éxito del liderazgo es el proceso de cavar hasta encontrar los tesoros del alma invisible, a fin de traer los sueños, los deseos y los talentos al mundo visible. Así que lo primero que hacen los líderes visionarios para tener éxito es:

Escuchar a su corazón e invertir en sus deseos e impulsos profundos.

A fin de optimizar sus oportunidades en los negocios y en la vida, el líder visionario:

- Se torna consciente de sus sueños, deseos, talentos y otros tesoros del alma.

- Los escucha y los valora como a la vida misma.

- Da pasos para desarrollarlos, comenzando de maneras muy pequeñas.

- Busca entrenamiento y ayuda a hacerlos crecer.

- No le importan tanto sus resultados como su esencia, sino que simplemente continúa expresando los tesoros de su alma dondequiera que pueda.

Encuentre el tesoro enterrado

¿Así que por qué no buscamos en la vida interior? Porque todos tenemos experiencias que hacen que nuestra vida interior no esté disponible para nosotros. Por ejemplo, algunas personas no tuvieron padres observadores y alentadores como los de Susie. Su familia pudo haber enterrado seriamente cualquier impulso o inspiración internos.

Como resultado, se encuentran viviendo vidas que están fuera del alcance del centro de la vida misma: Su corazón, su mente y su alma.

Explorar profundamente su alma significa que usted debe enfrentar algunos temores y obstáculos. ¿Qué ocasionó que entierre su tesoro? ¿Fue un padre severo? ¿Una relación difícil? ¿La falta de oportunidad o de recursos que lo hizo dejarlo de lado? ¿Una subcultura que lo deprimió? ¿Otras personas a las que no les gustó lo que traía desde dentro de su corazón y alma? ¿Las veces que intentó y falló?

Una cosa es segura:

No hay escasez de cosas en esta vida que pueda hacer que entierre su corazón y su alma.

Sin embargo, lo cierto es que los que tienen éxito en los negocios o en cualquier aspecto del liderazgo y de la vida, no han permitido que esas influencias hagan que sus sueños y deseos permanezcan ocultos. Los rescataron, enfrentaron sus temores, corrieron riesgos, fracasaron, se levantaron de nuevo y descubrieron que, de hecho, podían construir algo magnífico.

Julia era una persona así. Cuando tenía unos veinte años, se enamoró y se casó con Devin, un «ganador», el tipo de persona que sabía quién era y a dónde se dirigía. Devin siguió su carrera, construyó un gran negocio de electrónica y logró un éxito considerable. Si bien Julia siempre había disfrutado de la universidad y de dirigir varios proyectos de servicio, después de casarse, dejó de desarrollar sus talentos. Opacada por el impulso y la agresividad de Devin, se volvió más una seguidora de su carrera y de su vida.

Al principio, la causa de su retiro de las cosas que disfrutaba parecía ser la exigencia de su papel como madre de niños pequeños. Pero había otras, más sutiles. Devin la descalificaba. Tenía muchas maneras de dominarla, pero las más dañinas eran aquellas en que desacreditaba sus capacidades. Lentamente, ella se replegó al área donde no tenía que competir con él: la de madre. Se desempeñaba muy bien en ese papel y simplemente dejó de lado sus otros talentos.

Así como sucede en muchas otras historias, años más tarde, Devin se aburrió de la mujer con quien se había casado y se enamoró de alguien de su trabajo. Dejó a Julia. Luego del divorcio, ella no sabía qué iba a hacer. Se sentía perdida.

Sin embargo, a sus amigas no les pasaba lo mismo. Algunas de ellas la conocían desde antes de que se casara con Devin y sabían de sus sobresalientes talentos y capacidades. La empujaron a salir. Ella se resistía, sintiendo que era «estúpida» y que no podría tomar el tipo de decisiones requeridas para hacer los trabajos que le decían que hiciera. Pero no la escuchaban, así que Julia aceptó, y su amiga Molly la contrató para que trabajara en su compañía.

No había pasado demasiado tiempo desde que Julia estaba en el nuevo puesto antes de que comenzara a organizar las cosas, incluso, más allá de sus deberes asignados. Luego descubrió que para ayudar a la compañía tanto como quería, necesitaba adquirir algunas habilidades de computación. El pensamiento la asustaba tanto como la entusiasmaba. Así que, sin que los demás lo supieran, tomó una clase en la universidad. Gradualmente, ofreció su ayuda sobre algunos de los proyectos más grandes en curso. Poco tiempo después, los empleados de otros departamentos acudían a ella por ayuda. Estaba ganándose una reputación. No pasó mucho hasta que fue transferida a un nuevo cargo de operaciones más complejas, y al cabo de un año estaba dirigiendo una división con grandes presupuestos.

Al relatar su historia, Julia dijo una cosa importante: «De alguna manera había perdido el contacto con lo que me gustaba hacer y, lentamente, llegué a creer que no podía hacerlo. Era como si una parte de mí se hubiera muerto. Luego, cuando pensé en intentarlo de nuevo, tuve mucho miedo. Si no fuera porque Molly me llevó y por el hecho de intentar ese pequeño trabajo, no sé dónde estaría hoy».

Esta opción, creo, siempre está delante de nosotros, todos los días. Se nos da un corazón lleno de riqueza y talentos, sentimientos y deseos. En breves palabras, Dios nos ha otorgado *realidades potenciales para el liderazgo y el éxito en muchos niveles.* Es nuestra tarea cavar hasta ver qué potencial tenemos. La opción es si vamos a permitir que el miedo y las experiencias mantengan enterrado nuestro potencial o vamos a optar por salir en fe y ver que ese potencial se vuelve realidad.

Uno de los mejores ejemplos de esto se encuentra en la parábola de los talentos. En ella (Mateo 25:14-30), el amo confía a tres sirvientes diversos montos de dinero para ser invertidos mientras él no está. Cierto día regresó, y se dedicó a verificar qué habían hecho con lo que él les había entregado. Dos de los sirvientes salieron, corrieron riesgos, fueron diligentes y ganaron un buen rédito de esa inversión para el amo. El tercero tuvo miedo y enterró su tesoro en la tierra. Regresó solo lo que se le había dado.

Los dos primeros fueron recompensados, y el último fue regañado y perdió lo poco que tenía. ¿Es esa una imagen de la realidad o qué? Los que toman lo que poseen, lo invierten en la vida y son diligentes y fieles con ellos, a través del tiempo, crecen y construyen algo bueno. Pero los que permiten que el temor les impida salir adelante, *no solo no logran incrementar lo que tienen, sino que, en realidad, lo pierden.*

Como dijo Salomón acerca de darle importancia a lo que está dentro del corazón: «Por sobre todas las cosas cuida tu corazón, porque de él mana la vida» (Proverbios 4:23). «Por sobre todas las cosas» es una frase bastante fuerte, ¿no lo cree? Podemos ver por qué Salomón usa esas palabras, cuando nos damos cuenta de que sin salvaguardar lo que está dentro del corazón, ninguna construcción se lleva a cabo, ninguna carrera nace o renace, ningún líder logra desarrollar su potencial, jamás.

Su frase: «mana la vida» es muy clara; significa ese lugar de donde proviene todo. El éxito y el fracaso, por igual, surgen de lo que está pasando dentro, y la persona sabia es la que le presta atención.

Colóquese el casco y corra los riesgos adecuados

Julia no solo cavó dentro de su alma y lo dejó surgir, sino que corrió riesgos para invertir sus tesoros invisibles en el mundo visible. Dio un paso al frente y probó sus habilidades. Con cada nueva victoria, ganó más terreno en el mundo exterior, mientras que se expandía el mundo interior de su corazón y de su alma.

Sin correr riesgos, hay muy poco crecimiento y recompensa en la vida. Como dice la parábola, el que enterró su tesoro lo hizo para evitar el riesgo de la pérdida, del fracaso y de la desaprobación; aunque, al final, cosechó los tres desastres. Claramente:

> *Evitar el riesgo es el mayor riesgo de todos.*

Sin embargo, correr riesgos no significa que cuando descubre un tesoro en su corazón debe hacer rodar el dado. Julia fue diligente y siguió su sendero con sabiduría y cálculo. Dio un paso por vez. Como nos dice Salomón: «La sabiduría del prudente es discernir sus caminos, pero al necio lo engaña su propia necedad» (Proverbios 14:8).

El líder visionario no teme el aspecto negativo de correr riesgos, pero no se arroja desde los riscos y luego espera que sucedan cosas buenas. Por el contrario, el riesgo sano es calculado, integrado y luego ejecutado con diligencia y consideración. La mayoría de los líderes que «lo dejaron todo» corrieron un riesgo y tuvieron éxito. Ellos le dirán que su decisión no fue impulsiva ni impensada. Hicieron su movida solo después de mucha preparación y consideración.

HAGA QUE SU MUNDO INVISIBLE SEA VISIBLE

A fin de salir al mundo visible exterior, sus deseos y talentos deben ser descubiertos, refinados y esculpidos. Debe apropiarse de ellos, elaborarlos y usarlos. Estas son algunas sugerencias sobre cómo hacerlo:

- Escuche lo que le moleste. Podría ser un mensaje.

- No permita que se instalen los sentimientos negativos. Haga algo al respecto.

- No permita que pasen ignorados los deseos y sueños a largo plazo. Descubra qué quieren decir.

- Escuche sus síntomas: podrían estar diciéndole que tiene algo que cavar.

- Preste atención a sus fantasías. Quizás, le indican que algo está faltando y que debe resolverlo de maneras apropiadas.

- Enfrente los temores y los obstáculos que le hicieron enterrar sus tesoros internos.

- No confunda envidia con deseo. Usted puede envidiar el cargo de otra persona o su éxito porque perdió contacto con sus propios sueños.

- Haga todo lo anterior en el contexto de sus valores y la comunidad de gente que está comprometida a salvaguardar su corazón. Si no cuenta con tal comunidad, encuentre una y únase a ella.

- Pídale a Dios que lo ayude a encontrar su corazón, su mente, su alma y los tesoros que él ha colocado allí para usted.

Con frecuencia, la mayor señal que nos dice que hay cosas enterradas en el corazón es el adormecimiento y una vida que no está viva. Los líderes visionarios siempre elegirán la vida, y eso significa que su corazón, su mente y su alma están obteniendo atención siempre. Y cuando ven esos signos testigo, actúan.

Tome sus sueños. ¡Alcáncelos! Corra los riesgos adecuados. Una de las peores cosas con las que puede morir es el potencial. El potencial es algo que debe concretarse, no guardarse ni protegerse. Así que, ¡cávelo!, ¡inviértalo!, y descubrirá que es verdad: la vida viene desde adentro.

2

ARRANQUE EL DIENTE ENFERMO

Segunda cosa
Los líderes visionarios no permiten que las cosas negativas ocupen espacio en su vida.

Un amigo mío es presidente de un negocio manufacturero que tiene ventas anuales de cientos de millones de dólares. Pero la empresa no tuvo siempre esa envergadura. Cuando él se hizo cargo, hace varios años, era un sexto del tamaño que tiene ahora. Aún así, seguía siendo un negocio substancial con utilidades de millones de dólares. Todo lo que él tenía que hacer para que fuera un éxito era evitar arruinar las cosas. No solo no lo hizo, sino que le puso esteroides a las ganancias de la compañía.

El crecimiento y las utilidades explotaron. Un día le pregunté cómo lo hizo. Dijo: «Cuando me hice cargo, vendí el 80% de la compañía con grandes pérdidas».

Me quedé pasmado. ¿Cómo una persona pudo lograr una compañía redituable entregando la mayoría de ella con una gran pérdida, y luego esperar a que explotara con el crecimiento?

Mi amigo siguió: «Vi que la *vida de la empresa* estaba realmente en aproximadamente el 20% de la actividad general. Así que me quedé con ese 20% y vendí el resto de las operaciones y activos, a veces en centavos, y lo hice rápidamente. Quería alejar las cosas superfluas de cumplir el enfoque, la energía, los recursos y la atención de las cosas buenas que teníamos. Y eso es lo que condujo a nuestro éxito final».

Mi amigo es un brillante ejemplo del segundo principio para el liderazgo exitoso:

Los líderes visionarios no permiten que las cosas negativas ocupen espacio en su vida.

Si no pueden arreglar lo que anda mal, se lo sacan de encima. A veces, rápidamente, y otras, a través de un proceso; pero si hay un diente infectado, lo arrancan. *Se quitan de encima la energía negativa.*

ARRANQUE EL DIENTE ENFERMO

Caries para llenar, dientes para arrancar

A veces, esta energía negativa es generada por la presencia de cosas que son verdaderamente negativas, tales como un problema importante sin resolver con un proyecto o un con compañero de trabajo. Otras, proviene de cosas que no son malas innatamente, sino que, simplemente, no son lo mejor para la persona involucrada. Estos elementos negativos menores son los que lo distraen de esos profundos deseos de su corazón o de las cosas más importantes de la vida. Y pueden arruinar sus sueños tan rápidamente como las cosas malas.

El apóstol Pablo les dijo a los corintios: «"Todo me está permitido", pero no todo es para mi bien. "Todo me está permitido", pero no dejaré que nada me domine» (1 Corintios 6:12). Estaba resuelto a no dejar que siquiera las cosas que estaban bien lo controlaran de alguna manera. Hasta las cosas buenas que consumen tiempo, recursos, energía y atención, y no lo conducen adonde quiere ir son negativas. Los líderes visionarios llenan las caries en las cosas malas menores y arrancan las mayores.

Ejemplos de energía negativa en la vida de un líder pueden ser: físicos (como la basura que se apila en su escritorio o en sus archivos de la computadora), de relación (como las personas que son una mala influencia para usted) y emocionales (como una ansiedad o preocupación innecesaria).

Debemos ordenar el desorden, el peso muerto, cosas que guardamos que no nos ayudan, pero que ocupan espacio o gastan los recursos. Sáquese de encima las cosas que no está usando.

Tal vez pueda asociarlo a otros ejemplos.

- Relaciones que no conducen a ningún lado o que, incluso, están llevándolo a lugares opuestos a los que quiere ir.

- Actividades en el trabajo o en el hogar que no lo llevan a donde quiere dirigirse.

- Cosas que tiene o que está pagando que no usa, o que no le traen un verdadero y duradero beneficio.

- Tiempo que dedica que no contribuye a su bienestar o a su misión como líder.

Llene la caries o arranque el diente. Y cuanto antes, mejor. Luego tendrá disponibles una nueva energía, recursos, tiempo y espacio para concentrarse en las cosas que, como decía mi amigo, tienen *vida* en ellas. Se detiene la pérdida de energía negativa cuando damos lugar a las cosas positivas.

ARRANQUE EL DIENTE ENFERMO

A veces, lo negativo no puede arreglarse, y usted tiene que darse por vencido en la idea de repararlo y debe tirarlo. Esto puede significar dejar la expectativa de que puede mejorarse algo en particular, tal como una línea de producto, un departamento de la compañía, un empleado a prueba o, incluso, una idea bastante buena. Si sabe que invertir más tiempo en llegar a una solución va a ayudar, entonces es momento de tirar del cable y avanzar. Olvídese de repararlo o de cambiarlo. Déjelo ir.

EL DOLOR DEL AGOTAMIENTO CEREBRAL

Otro aspecto problemático de permitir que las cosas negativas continúen más allá del tiempo es la forma en que la mente trata con ellas. Piénselo. ¿Cuándo se preocupa por temas molestos, evitados, no resueltos? La respuesta para la mayoría de nosotros es: cuando puede hacer poco por ellos. Cuando evitamos enfrentar las cosas en forma directa, suelen atraparnos en momentos en que no podemos abordarlas efectivamente. Por ejemplo:

- El tema financiero que ha evitado en la oficina le surge en la mente, en el momento en que coloca la cabeza en la almohada o cuando se despierta en medio de la noche.

- Los temas de carácter de su hijo de diecinueve años que lo han molestado durante años no los enfrenta, hasta que deja la universidad o lo envían a casa por abuso de drogas.

- Su tendencia a comprometerse con actividades que no le gustan genera resentimiento cuando es el momento de asistir a ellas, pero no hace nada para evitarlas.

- El trabajo que detesta, pero al que se aferra sin ninguna razón valedera, le causa frustración mientras conduce al trabajo todos los días.

- Trabajar en un proyecto con el empleado que sabe que debía haber despedido el año pasado lo enoja.

Entonces, este es el resultado lamentable de no vivir como un líder visionario: Usted obtiene la emoción negativa de todos sus problemas sin los beneficios de resolverlos. Evitarlos, en realidad, no ayuda para nada, porque sigue gastando energía y siente la herida. Si simplemente hubiera arrancado el diente cariado cuando comenzó a molestarle, ya habría pasado el dolor. Evitar siempre prolonga el dolor.

ARRANQUE EL DIENTE ENFERMO

Cuándo llamar al dentista

Una de las cosas más difíciles de averiguar es cuándo dejar ir algo que es importante para usted. ¿Cuándo finalmente va a dejar de lado un proyecto, un empleado, una meta o un plan de acción que simplemente no funciona? Respuesta breve: Cuando se haya agotado toda esperanza respecto del resultado deseado.

La esperanza es una de las grandes virtudes de la vida, justo allí, con fe y amor (1 Corintios 13:13). Pero no es un deseo de cuento de hadas; es un lecho rocoso, y usted debe poder ordenar su vida con él a su lado. La esperanza significa invertir tiempo y energía en resultados que usted tiene motivos sólidos para creer que pueden lograrse. No es esperanza para invertir tiempo y energía en una meta que no tiene fuerzas que actúen sobre ella para que resulte. Eso es estancamiento. Es una pérdida de tiempo, y finalmente el tiempo es de lo que se trata su vida y su trabajo.

Arrancar el diente - sacarse de encima el problema doloroso– tiene el beneficio adicional de hacer espacio para una alternativa positiva. De hecho:

Las cosas nuevas que en realidad tienen esperanza para el futuro no pueden aparecer hasta que usted se saque de encima lo que ocupaba el lugar que necesita la cosa nueva.

Si no hay esperanza para cualquier cosa a la que se está aferrando, déjala ir para poder estar abierto a algo nuevo y que dé vida.

El factor del dolor

Hay otra forma en que el líder visionario trata con los problemas negativos y las pérdidas de energía, que es aun más efectiva que arreglarlas o arrancar el diente: *para comenzar, no meterse en ellas.*

Fui a visitar a un amigo sabio y consejero hace varios años, cuando intentaba decidir entre varias opciones sobre qué hacer en mi vida. Una parecía muy positiva y tenía un tremendo potencial para cosas buenas. El único problema —como le expliqué a mi amigo— era que la persona con la que iba a trabajar era conflictiva: tenía reputación de haber hecho que se sintieran usados los que habían estado en colaboración con esa persona.

Mi consejero me miró y dijo:

—¿Por qué querrías trabajar con *él*?

—Bueno —dije— ese es el aspecto negativo de la cosa. Él tiene muchos puntos buenos. Solo tengo que tragar fuerte acerca de estar conectado con él.

Mi amigo dijo:

—Ahora soy lo suficientemente viejo y tengo la suficiente

ARRANQUE EL DIENTE ENFERMO

experiencia como para no hacer ningún trato ni trabajar con nadie en que esté involucrado el factor *del dolor.*

—¿Qué es el factor del dolor? —pregunté.

—Es el gran trago que tendrías que dar para ir hacia delante, explicó. Mi regla es esta: Cada vez que tengo que sentir dolor o dar un gran trago para estar de acuerdo en hacer algo sustancial con alguien —ya sea contratarlo, trabajar con él o cualquier cosa significativa—, no lo hago. Punto.

El factor del dolor se ha vuelto un factor de guía para mí desde entonces. Y puesto que seguí este consejo, no estoy atado a la persona que nombré, y eso significa que no es un diente que hay que arrancar.

Así que la lección aquí es que la mejor manera de arreglar un problema es, en primer lugar, no tenerlo. Aprenda y escuche la vocecita dentro de usted que le dice cosas como:

- *Esto no me hace sentir muy bien.*

- *No me siento cómodo haciendo esto o acordando esto.*

- *Esto no es lo que realmente quiero.*

- *Esto viola un valor importante.*

- *Voy a resentir esto durante mucho tiempo.*

- *Ojalá esto no estuviera ocurriendo.*

Salomón nos entrega un gran proverbio acerca del factor de dolor: «El prudente ve el peligro y lo evita; el inexperto sigue adelante y sufre las consecuencias» (Proverbios 22:3).

Si se encuentra en una situación que no quisiera vivir, arréglela antes de seguir hacia delante, o no avance sin darse cuenta de que está eligiendo vivir con un diente que le duele. Un kilo de prevención vale la pena millones de kilos de cura.

Las cosas negativas no resueltas no tienen lugar en el corazón de un líder. Este principio no niega la paciencia, la esperanza o la elaboración de relaciones difíciles en el transcurso del tiempo. Haga lo que pueda para arreglar lo que está mal y mejórelo. Perdone y reconcíliese. Pero no deje que las malas situaciones se instalen, se estanquen, se infecten y agoten su vida. «Gran remedio es el corazón alegre, pero el ánimo decaído seca los huesos» (Proverbios 17:22). Muévase rápido para tratar con cualquier cosa que esté aplastando su espíritu.

3

REPRODUZCA TODA LA PELÍCULA

Tercera cosa
Los líderes visionarios evalúan sus decisiones en el presente sobre la base de cómo afectarán el futuro.

Un anciano estaba sentado en su banco favorito —tal como lo hacía todos los días— para su ritual de leer el periódico durante el almuerzo. Al ojear las páginas, el hombre advirtió que un joven se sentaba al otro lado del banco con su propio periódico y comenzaba a leer.

Luego de unos minutos, el joven dijo:

—Perdóneme, señor. ¿Por casualidad, me podría decir qué hora tiene?

El anciano miró al joven durante un momento.

—No, dijo; luego volvió a su lectura.

Confundido, el joven dijo:

—Señor, no quiero molestarlo, pero veo que está usando un reloj. Sin embargo, cuando le pregunté la hora, me dijo que no. ¿Lo he ofendido de alguna manera?

El anciano lo miró de arriba abajo.

—No, para nada —dijo finalmente. Luego regresó a su periódico.

—Pero no comprendo, dijo el joven, ¿por qué no me quiere decir la hora?

El hombre apoyó el periódico sobre su falda.

—Bien: cuando se sentó por primera vez, lo advertí. Parece un joven agradable, prolijo y todo lo demás. Parece interesado en el mundo y en sus eventos actuales, según advertí por el periódico que está leyendo. Luego me pidió que le dijera la hora, y pensé que si lo hacía, podríamos dar inicio a una conversación, y probablemente me contara sobre sí, y probablemente me gustara y nos convertiríamos en amigos. Luego, quizás lo invitara a mi casa alguna vez para que conociera a mi familia. Si eso sucediera, usted conocería a mi hija maravillosa a quien amo mucho. A ella posiblemente usted le gustaría, y ella, también a usted. Así que es probable que los dos se hicieran amigos y luego tuvieran una cita. Y si eso ocurriera, es probable que se enamoraran y se casaran. ¡Y que me cuelguen si voy a dejar que mi hija se case con cualquier hombre que no tiene un reloj!

Vaya al cine

El principio del que estamos hablando ahora es este:

Los líderes visionarios evalúan sus decisiones en el presente sobre la base de cómo esas decisiones afectan el futuro.

Rara vez actúan sin considerar sus implicancias futuras. Dígale la hora a un hombre y puede que termine casando a su hija con un tipo que no tiene un reloj. ¡La vida es un arma de doble filo!

Uno nunca sabe con exactitud qué podría pasar cuando opta por algo, pero la persona sabia, por lo menos, piensa sobre ello. Sin embargo, los líderes visionarios no solo piensan en las implicancias del futuro cuando toman esas grandes y atemorizadoras decisiones, sino que suelen hacerlo todo el tiempo, en pequeños y en grandes asuntos. Los líderes exitosos saben de qué manera cada escena contribuye al final feliz de la película. No ven solo una; observan toda la película hasta el final.

La manera más sencilla de examinar este principio es un tema de causa y efecto: «Si hago A, entonces sucederá B». Pero eso no ilustra la naturaleza profunda del asunto. La experiencia nos lleva mucho más lejos que eso. Es algo más parecido a esto: *Si hago A, no solo sucederá B, sino también C, D, E, F, G y demás.*

Esta es la diferencia entre la causa y el efecto, y la versión más profunda de la verdadera siembra y cosecha. Sembrar y cosechar es algo mucho más grande que la conexión entre lo que estoy haciendo ahora y lo que sucederá inmediatamente después. Se trata de lo que terminaré haciendo *finalmente* si siembro esta conducta, opción, actitud, valor o estrategia en particular. Es la visión a largo plazo. Más precisamente, es la visión final. *¿Qué sucederá al final?* es la pregunta que el líder sabio busca responder.

Los líderes visionarios evalúan casi todo lo que hacen de esta manera. Ven toda conducta y decisión como eslabones de una larga cadena, como pasos en un rumbo que tiene un destino. Y ven estos eslabones en ambas direcciones, la buena *y* la mala. Piensan de este modo para lograr las cosas buenas que quieren de la vida y para evitar las cosas malas que no quieren. En breves palabras, rara vez hacen algo sin pensar en las consecuencias finales. Reproducen toda la película, para decirlo así.

Cualquier cosa que haga es solo una escena de una película más larga. Para comprender una acción en particular, tiene que reproducirla toda hasta el final de la película. Luego de verla por entero, pude decidir si realmente la quiere en su vida. Si altera el argumento de su historia o lo lleva a otras escenas que no quiere vivir o, incluso, hace que la película en sí tenga un final diferente del que usted planeó, entonces no quiere esa escena, independientemente de cuán atractiva sea.

A la inversa, si altera el guión de su historia en una dirección a la que *querría* ir —si crea más tarde escenas que quisiera vivir— entonces, de hecho, podría pensar en agregarlas. No importa cuán difícil sea la escena en sí, usted querría elegirla porque lo conducirá adonde quiere ir.

Escriba el final feliz en el guion

Una vez, mientras estaba haciendo un seminario sobre alcanzar metas y sueños, una dama preguntó si podíamos hablar un momento. Cuando nos sentamos, me dijo que ella había soñado con ser abogada desde que era pequeña. Parecía ser la profesión ideal para ella. Dijo que le encantaría el trabajo y que sería una maravillosa manera de ayudar a la gente.

—¿Por qué no lo hace ahora? —pregunté.

—Trabajo en la industria de préstamos, pero lo detesto —contestó—; todos los días desearía hacer algo diferente, especialmente, practicar el derecho. Estoy agradecida por tener un buen trabajo, pero no es así como quiero pasar mi vida.

—Entonces, ¿por qué no estudia abogacía? —le pregunté.

—Porque tendría que ir tres años a la facultad de Derecho, y eso sería mucho tiempo.

Me resultó claro que esta mujer no sabía cómo *reproducir la película,* así que se la reproduje yo. Le dije:

—¿Piensa estar viva dentro de tres años?

—Bueno, por cierto lo espero —respondió.

—Entonces, piense esto: los tres años llegarán, y usted estará viva, así que esta es la pregunta: El día, dentro de tres años, ¿quiere recibirse de abogada, permitiéndose hacer algo que le gusta? ¿O quiere seguir detestando su vida?

—Nunca lo pensé de ese modo —dijo—. No es que tres años parezca mucho tiempo. Es dónde estaré en tres años si no hago esto.

Estaba acercándose al guion de su película. Podía ver que elegir evitar el estudio no era una decisión aislada. Era solo una escena, y dictaminaría cómo iba a terminar. La película no es optativa, pero sí lo es el final feliz. Ella podía elegir estar en una muy diferente, una que le gustara, o en una diferente que no le gustara para nada. Dependía de ella.

REPRODUZCA TODA LA PELÍCULA

Cuando pensamos en algo difícil para hacer, tal como obtener un diploma, recortar un presupuesto corporativo que ya es bajo o, incluso, cambiar de carrera, con frecuencia solo pensamos en la comodidad inmediata que llega al no hacerlo. Actuamos como si el presente fuera todo lo que hay, olvidando que el futuro llegará, sin importar lo que decidamos. El alivio inmediato del trabajo arduo no es la única consecuencia. Al evitar la incomodidad inmediata, usted también se suscribe a las consecuencias negativas que residen dentro de la realidad futura.

Reproducir toda la película puede salvarle la vida al impedir que sucedan cosas malas, y puede construir su vida al permitirle ver las cosas buenas que pueden ocurrir. Tengo un amigo que dedica parte de su tiempo libre a construir y remodelar propiedades para la renta. Eso no es tan divertido como otras cosas que podría estar haciendo en esos fines de semana libres. Así que, ¿qué impide que lo haga? Me dijo que reproduce la película a diez o quince años de ahora. Las hipotecas estarán casi pagadas, las rentas se habrán incrementado, y él estará retirado. Y hacia el final de la película, él está pescando y jugando mucho al golf, y no, trabajando mucho: una escena que espera vivir.

Sobreviva a las escenas que producen miedo

Además de la motivación, reproducir la película les proporciona a los líderes exitosos otra estrategia común a todos ellos. La usan para vivir las dificultades antes de que realmente sucedan. En otras palabras, se preocupan de antemano, lo que significa que reproducen la película y luego dan pasos activos para asegurarse de que están listos para las escenas desagradables, cuando estas lleguen.

El otro día almorcé con un líder visionario y amigo, que es dueño de una exitosa compañía constructora.

—¿En qué estás trabajando ahora? —le pregunté.

—Juegos de guerra —dijo.

—¿Qué? —pregunté.

—Estamos teniendo una semana a la que llamamos juegos de guerra, respondió. Reproducimos escenarios malos futuros y nos aseguramos de que estamos en posición de manejarlos. Por ejemplo, ¿qué sucedería si las tasas de interés suben mucho en dos años? ¿Qué pasaría si aumentaran los costos de los terrenos? ¿Qué pasaría si hubiera una huelga sindical? Observamos cómo estas cosas nos impactarían como compañía y hacemos ajustes ahora, que nos permitirán sobrevivir entonces.

Eso es ser mucho más activo respecto del futuro que solo asegurarse de que tiene reservas en efectivo, ¿no es cierto?

Con razón, este hombre ha sido tan exitoso durante tanto tiempo. Él luchará en los momentos difíciles porque ya los ha vivido, teóricamente, y sobrevivió por reproducir la película.

Cuando dicto seminarios sobre alcanzar metas, con frecuencia hago que los líderes se aíslen y planeen lo peor que tendrían que enfrentar si intentaran alcanzar sus objetivos. Los hago reproducir la película de antemano y elaborar una estrategia para prepararse para la peor escena, antes de que esta los golpee.

Actúe como para ganar un Oscar

Planifique una película, una visión de su vida, de su carrera, de sus relaciones, de sus finanzas y demás. Véala, planéela y luego evalúe cada escena que escribe todos los días, a la luz de donde se supone que termine la película. Si lo hace y se asegura de que incluye el reparto correcto, me sentiré muy feliz cuando obtenga su Oscar por un liderazgo exitoso y por una vida bien vivida. «¡Hiciste bien, siervo bueno y fiel!» (Mateo 25:21).

Y lo mejor de todo es que la óptima recompensa es la vida que ha construido a través del tiempo. Esa es la realidad que no solo durará hasta la eternidad, sino que también le dará abundancia y satisfacción a lo largo del camino. Elija la escena correcta en cada momento fundamental, y será la estrella de una gran película, de a una escena por vez.

4

QUÍTELE EL TRABAJO A SUPERMAN

Cuarta cosa
Los líderes visionarios se preguntan constantemente:
«¿Qué puedo hacer para mejorar esta situación?»

Probablemente lo haya visto en la pantalla muchas veces: un tren está a punto de descarrilarse, enviando a cientos a la muerte; una madre y sus hijos están atrapados en la terraza de su departamento consumido por las llamas; un grupo de tipos que portan armas están por robar el banco de la ciudad. Los escenarios cambian, pero tienen un tema en común: Las personas están atravesando grandes problemas y necesitan ayuda *¡rápido!*

En el último momento posible, saliendo de la casilla telefónica más cercana, con su traje azul y con su capa roja, aparece Superman, más rápido que un rayo. Puede sustituir al bueno que usted prefiera, si quiere: El Hombre Araña, Batman, el Vengador, quien sea. Pero el resultado es siempre el mismo: cuando llega el superhéroe, se desarma la amenaza, se detiene la crisis y se salvan vidas.

Esto es lo que me pregunto cuando veo esas imágenes: ¿Por qué ninguna otra persona hace algo para salvarlos? Es como si todos los demás fueran impotentes, incluso, para intentar intervenir. Las personas parecen resignarse al hecho de que si Superman no aparece, no hay solución posible. Así que nadie siquiera trata.

Los líderes visionarios no reflejan la parálisis de los ciudadanos de Metrópolis. En cambio, como dice nuestro cuarto principio:

Los líderes visionarios se preguntan constantemente: «¿Qué puedo hacer para mejorar esta situación?».

Y luego hacen algo. Suelen convocarse a sí mismos como la primera fuente para corregir situaciones difíciles. No importa si piensan que les pueden echar la culpa o no. Incluso, si es la culpa de otro, toman la iniciativa para abordar el problema y buscar una solución. Cualquiera pueda ser la respuesta, *los líderes visionarios actúan.*

Disponerse a actuar

Vivimos nuestras vidas en diversos contextos, circunstancias y entornos. En cualquier momento dado, nos encontramos en muchos papeles y relaciones. Si bien los contextos cambian, la constante es quiénes somos como personas, nuestro carácter y cómo expresamos ese carácter en la forma en que vivimos. El líder visionario suele ser coherente al vivir el enfoque *de continuar moviéndose* en cualquier caso. En contextos muy diferentes, practica el apropiarse de la situación y la responsabilidad y, por ende, encuentra libertad y éxito.

Una gran mayoría de los problemas que enfrentamos como líderes tienen que ver con las personas. Cuando hay una brecha en una relación, el líder visionario busca qué hacer para acortarla. En lugar de esperar que otra persona dé el primer paso, el buen líder podría tomar las siguientes acciones como adecuadas:

- Pregunte: «¿Hay algo en mis actitudes o en mis acciones que haya contribuido a este problema? ¿Qué puedo hacer para cambiarlas?».

- Trate con su dolor y con su enojo para que sea más probable que su comunicación ayude a las cosas, en lugar de que duelan.

- Pregunte: «¿Cómo puedo comunicarle a la otra persona que veo el papel que he jugado en nuestro problema?».

- Vaya y discúlpese.

- Vaya y confronte la situación.

- Vaya con una agenda de solo escuchar y tratar de comprender por qué se ha sentido herida la otra persona.

- Vaya y arréglelo.

- Obtenga retroalimentación de los demás sobre qué deben cambiar, y luego averigüe cómo hacerlo.

Con las personas que están dolidas, enojadas, que son controladoras o que tienen problemas que lo afectan a usted negativamente, en lugar de que sus sentimientos dependan de su ánimo o de sus conductas, *haga algo:*

- Vaya y hágalos conscientes del problema.

- Pregunte si hay algo que usted puede hacer mejor.

- Fije límites sobre su exposición al problema y hágales saber que usted no estará alrededor de ellos mientras eso suceda.

- Ofrezca ayudarlos a obtener ayuda.

- Traiga a otras personas para colaborar; realice una intervención de algún tipo, si fuera necesario.

- Aléjese, si se abusan, y deje en claro que usted no estará disponible hasta que obtengan ayuda.

- Tome responsabilidad por sus reacciones y la forma en que permite que una persona problemática le llegue.

- Elija reacciones diferentes y mejores que las que ha utilizado previamente.

- Obtenga ayuda para responder en forma diferente.

- Maneje sus expectativas.

- Ámelos, en lugar de esperar cosas de ellos.

- Deje de permitir que el problema influya en usted, en cualquier forma en que podría estar haciéndolo.

- No dependa de ellos para cosas que no pueden dar, tales como aprobación, validación o amor.

- Haga cumplir las consecuencias.

Compare a las personas que hacen cosas, en estos ejemplos, con las que se sientan y se quejan, atrapadas en su desgracia y esperando que alguien en particular o la vida, en general, los trate de forma diferente. He visto vidas transformadas cuando la gente comienza a adoptar la estrategia del líder visionario de preguntarse: «¿Qué puedo hacer para mejorarlo?».

Salga de la cabina telefónica

Recientemente estaba hablando con un amigo mío, Tony Thomopoulos, que llegó a ser presidente de ABC Televisión. La historia de cómo comenzó su carrera es un gran ejemplo de cómo ser un participante activo en los eventos que le dan forma a la vida de uno.

Comenzó en la sala de correo proverbial. *Escogió la sala de correo* ante puestos más interesantes porque sabía que enviar el correo por toda la empresa lo pondría en contacto con cada departamento. Conocería a todas las personas de la compañía, sabría qué hacían, comprendería sus trabajos y luego estaría mejor equipado para ascender.

Luego se fijó la meta de estar involucrado en una determinada división para una fecha establecida. No se limitó a una descripción estrecha de un trabajo, sino que acordó consigo mismo en tomar cualquier puesto disponible sólo para entrar en dicho sector. Él quería ser activo, la presión no la ejercía nadie más que él mismo.

Al enviar el correo, conoció a empleados de recursos humanos y se enteró de una oportunidad que se presentaba en la división que se había propuesto como meta. Se necesitaba a alguien para ocupar un cargo durante sólo dos semanas mientras un empleado estaba de vacaciones. El horario, de 4:30 hs a 8:30 hs, era tal que podía tomar el cargo transitorio y seguir con su trabajo normal.

No sabía nada sobre las tareas que debería realizar, pero eso no lo detuvo. Se pasó el fin de semana investigando cómo podría hacer el mejor trabajo posible en las dos semanas en que estaría en esa división. Llegaba todas las mañanas a las 3:30, una hora antes, para prepararse para sus tareas. Encontró formas de beneficiar a su jefe, en lugar de intentar lucirse él. Verdaderamente, le servía, y agregó valor a la división y a la compañía.

Después de dos semanas, el jefe estaba tan impresionado por lo preparado que estaba Tony y por el trabajo que realizaba que lo contrató y lo sacó de la sala de correos. Mi amigo estaba ahora en la división de la empresa que él deseaba. Desde allí fue ascendido por la gerencia superior, hasta que llegó a ser presidente, pocos años después.

¿Suerte? ¿Providencia? Por cierto. Como dijo Tony: «Puedo ver que Dios estaba involucrado en cada paso». Pero fue el mismo Dios, el que nos dio la parábola de los talentos. Esa historia nos dice que el sistema de Dios requiere un líder exitoso para comportarse exactamente como lo hizo mi amigo.

Haga algo súper

Cave hasta encontrar su sueño, pero después pregúntese: «¿Qué debo hacer ahora? ¿Cómo puedo mejorar mi suerte? ¿Qué debo hacer para llegar a dónde quiero estar? ¿Qué habilidades necesito desarrollar? ¿Qué temores debo superar? ¿A quién debo conocer? ¿Cómo invierto mis talentos?». Estas preguntas abordan pasos hacia la iniciación proactiva, que el sistema de Dios exige a quienes esperan tener éxito. Luego él nos pide que le pidamos su provisión para abrir puertas y obtener oportunidades para que esa iniciativa se ejerza. Debemos orar y *también debemos actuar.*

Si el dinero llama al dinero (una excusa común), entonces vaya y gane el dinero que necesita. No se quede ahí sentado esperando un presupuesto mayor.

Haga algo. Actúe.

Si la economía es mala, no espere que cambie. Obtenga una habilidad en un campo diferente, busque en otro lado, encuentre otro nicho que sirva, agrande su red o apertura a otros trabajos, inicie su propio negocio de servicios, o *algo*. No se quede sentado esperando.

Como dijo la gran actriz británica Dame Flora Robinson: «Pídele a Dios bendición para tu trabajo. Pero no le pidas que lo haga por ti».

¡Así que siga con el programa! Sea aquel que creó Dios. Envíe a Superman a la fila de los desempleados. ¡Póngase en movimiento y *haga algo*!

5

ABRACE A SU INSECTO INTERIOR

Quinta cosa
Los líderes visionarios logran metas importantes dando pasos pequeños en el transcurso del tiempo.

Hubo un momento en mi vida en que me enfrenté con lo que parecía ser una tarea muy difícil y realmente no sabía cómo iba a lograrla. Se trataba de escribir una tesis para completar un doctorado. Una gran cantidad de estudiantes finalizan la asistencia a la facultad, pero nunca se gradúan, debido a que no pueden llevar a cabo esta tarea. Yo podría haber sido uno de ellos. Es un proceso enorme, para el que se necesita mucho tiempo de intensa labor.

En esa época de mi vida, yo era el tipo de persona que siempre tenía mi trabajo hecho, pero no servía para desarrollar un programa estructurado con el objeto de lograr las muchas y variadas tareas que requería una tesis. Simplemente, no sabía por dónde empezar. Así que hice lo que había aprendido a hacer cuando no sabía qué hacer: Oré. Le pedí a Dios que me ayudara, porque no tenía oportunidad de hacerlo por mi propia cuenta. Esto es lo que descubrí:

«¡Anda, perezoso, fíjate en la hormiga!
¡Fíjate en lo que hace, y adquiere sabiduría!
No tiene quien la mande,
ni quien la vigile ni gobierne;
con todo, en el verano almacena provisiones
y durante la cosecha recoge alimentos».
(Proverbios 6:6-8).

Me pregunté de qué manera este pasaje iba a ayudarme con la tesis. Advertí la palabra perezoso, que significa indolente, lento. Siempre había sido sumamente activo y no era así. Luego reparé en otra acepción: «Ocasionar poco o nada de dolor». Comencé a ver el punto. Mi tendencia era la de elegir caminos que no me causaran sufrimiento: estaba evitando el dolor de hacer la tesis porque la tarea parecía abrumadora. Era tan doloroso pensarlo que casi no lo hago.

Luego consideré la parte del pasaje sobre observar a las hormigas. ¿Observarlas? Siempre las rociaba. ¿Dónde observa uno hormigas? No lo sabía. Después, un amigo me trajo una granja de hormigas. Me sentía un poco tonto, puesto que es algo que, probablemente, se compre para los niños de ocho años de edad. Pero preparé el recipiente de vidrio lleno de arena y le vertí las hormigas. Puede adivinar lo que sucedió: luego de un tiempo, habían construido una ciudad entera.

¡La realidad era que muchas hormigas pequeñas habían dado pasos pequeños, y *voilà*: se formó una ciudad! Me pegó duro.

> *Todo esto no era realmente más complejo que dar un paso por vez, un grano de arena por vez.*

Si una hormiga podía hacerlo, también yo.

No demasiado tiempo después de eso, dando pequeños pasos, apareció en mis manos una tesis. Lo que me había parecido imposible se había logrado. ¿Cómo? Al igual que dijo Henry Ford: «Nada es particularmente difícil si lo divides en pequeños trabajos».

Lo que me enseñaron esas hormigas fue una de las cosas más importantes que aprendí jamás, y es nuestro quinto principio:

Los líderes visionarios alcanzan grandes metas, con el transcurso del tiempo, dando pequeños pasos.

De haber analizado las pocas cosas significativas que ya había logrado en la vida, hubiera visto que *también se hicieron a la manera de la hormiga*. Esto se aplica a todos los líderes exitosos. Todos logran sus éxitos al abrazar a su insecto interior y actuar como una hormiga.

¡Pero lo quiero todo!

El mayor enemigo del principio de «pequeños pasos-grandes resultados» es ansiar tenerlo todo. Si la hormiga recoge un grano de arena, se construirá la ciudad. Pero si mira el grano y dice: «¡Esa no es una ciudad! ¡Qué perdida de tiempo!», no habrá ninguna. Tal vez pueda identificarse con uno o más de los siguientes ejemplos del pensamiento «todo o nada»:

- *Tenemos que borrar tres años de pérdidas hacia fines de este año fiscal.*

- *Deje la capacitación. Debemos contratar de inmediato por teléfono a personas nuevas.*

- *Debo perder diez kilos a tiempo para la reunión anual del próximo fin de semana.*

- *Si no contratamos representantes de ventas en todos los territorios en este momento, perderemos terreno ante la competencia.*

- *Si no logro ser socio en un año, renunciaré.*

- *Lo siento, cariño, tengo que trabajar los fines de semana, o no me pagarán el bono.*

El pensamiento «todo o nada» hace que la gente se atasque en situaciones destructivas. Todo éxito se construye y se sostiene tal como se construye un edificio, de a un ladrillo por vez. Pero un ladrillo parece ser demasiado pequeño e insignificante para los pensadores del «todo o nada». Lo quieren todo, y un ladrillo, un dólar, una libra, un nuevo cliente, no es suficiente para ellos.

Los líderes visionarios son muy diferentes. Valoran los incrementos pequeños, los pasos menudos. Hace varios años un amigo mío me ofreció una oportunidad de comprar parte de una sociedad comercial. En el momento, yo tenía puesta mi mirada en otras inversiones que tenían metas más grandes, más agresivas. Este trato era lento y tenía una devolución del dinero más prolongada en incrementos más pequeños. Lo que me condujo a invertir en este negocio, sin embargo, fue que mi amigo me demostró lo que había logrado con la inversión en él: poco a poco, año tras año, había pagado la deuda con sus utilidades. Para ese entonces se jubiló, gozando, a una edad relativamente joven, de los frutos de un ladrillo por vez.

Muchas personas han aplicado este principio al pago de sus hipotecas, préstamos universitarios y deudas comerciales. Hable con su oficial de cuentas y pregúntele qué sucede si coloca un poco más en cada pago mensual. Si no hay pena por repago, se sorprendería al ver que, con un poco más de dinero por cuota, termina de pagar el préstamo mucho más pronto.

¿Su oficina luce desordenada, pero la tarea de ordenarla es demasiado grande como para abordarla de una sola vez? Dedique diez minutos al día a descartar cosas o colocarlas en una caja para regalar, u organice un área de trabajo por vez. Hágalo todos los días durante tres meses, de ser necesario.

¿Está fuera de estado físico? Comience con diez minutos por día. Llévelos a quince, luego a veinte, hasta que alcance su meta.

¿Siempre quiso escribir una novela que venda muchos ejemplares? Haga lo que hizo el novelista John Grisham. Mientras trabajaba de tiempo completo como abogado, se levantaba algo más temprano cada mañana y escribía un poco. Lentamente, de a una página por vez, durante un lapso de tres años, *A Time to Kill* [Un momento para matar] se terminó. Desde entonces vendió decenas de millones de libros y es un fenómeno increíble en la historia de las publicaciones.

Es el método usado por cualquiera que alguna vez ha logrado algo substancial, porque es la manera en que está diseñado el universo: Las cosas crecen un poquito por vez. Todo nos lleva a esto:

Quererlo todo evita que tenga algo.

¡Pero lo quiero ahora!

Estrechamente relacionada con *lo quiero todo* está su hermana, *¡Lo quiero ahora!* En mi primer libro [Cambios que sanan], escribí que el atajo siempre es el camino más largo. Con frecuencia, cuando la gente acude a mí con un problema, escucho mientras lo describen y les digo que puede resolverse. Hay esperanzas. Sabemos cómo arreglarlo.

«¡Genial! —dicen—. ¿Cuánto tiempo tomará?».

Les digo la cantidad que creo que se requerirá y que deben comprometerse a un proceso de un paso por vez, con frecuencia involucrando una larga serie de sesiones semanales. Muchos lo hacen y, lentamente, se construye una ciudad de bienestar. Puesto que el proceso funciona, siento muchas esperanzas cuando alguien se compromete con él.

Pero algunos no lo logran porque lo quieren *ahora*. Cuando les digo que lo que desean vendrá a ellos con el transcurso del tiempo, estas personas dicen: «No puedo esperar tanto» y se van a ver a alguien que hace terapia de atajos o a un taller que produce resultados rápidos. Para algunas personas, la terapia de corto plazo funciona bien. Pero con frecuencia me vuelven a llamar al cabo de un tiempo y reconocen que están preparados para emprender un proceso más prolongado.

Desearlo ahora evita que lo tenga. Tomar el camino más largo, de un pasito por vez, realmente lo llevará allí más rápido porque no perderá el tiempo intentando atravesar atajos. Las personas que *lo quieren ahora* enfrentan frecuentes desalientos —y además, pierden el tiempo— debido a sus muchos falsos inicios. Las dietas intensas y los esquemas del tipo «hágase rico rápidamente» generalmente hacen que uno pierda un tiempo precioso que podría haberse invertido en un proceso más prolongado y más fructífero. Al obedecer el orden de crecimiento que Dios creó, se pondrá a tono con el universo. Un grano de arena por vez.

¿Cuáles son sus granjas de hormigas?

Con demasiada frecuencia nos abrumamos cuando los obstáculos que vemos entre nosotros y nuestras metas parecen ser demasiado enormes para manejarlos. Nos lamentamos:

- *Nunca antes tuve éxito, a pesar de muchos intentos.*

- *La distancia entre dónde estoy ahora y dónde quiero estar parece ser muy grande.*

- *La meta, simplemente, es demasiado grande.*

- *Las cosas están complicadas para tener alguna esperanza.*

- *No tengo las habilidades.*

- *No tengo los recursos, como dinero o ayuda.*

- *No tengo el tiempo para lograrlo.*

El enfoque de un grano por vez se aplica, virtualmente, a cualquier esfuerzo humano. Los siguientes son algunos ejemplos de cómo puede cambiar su vida y gozar del éxito siendo líder, como nunca pensó que podría hacerlo.

Si su matrimonio está tambaleando, restáurelo paulatinamente, haciendo una cosa por vez, como: una sesión de terapia, un acto de amabilidad, un ejemplo de no exagerar en las reacciones, un ramo de flores o un acto inesperado y de sacrificio.

Si su relación con su hijo adolescente está tensa, constrúyala conectándose con él, un poco cada día.

Si trabaja en ventas, arme una cartera de clientes mediante una llamada telefónica. Encuéntrese con un cliente potencial por vez. Obtenga un diploma avanzado haciendo un curso por vez.

Si está deprimido, salga de la cama y haga una cosa pequeña, como ir al parque y caminar. O llame a un amigo para hacer algo diferente una noche, en lugar de quedarse pasivamente en casa. Dé un paso para poder ordenar sus pensamientos durante diez minutos por día, para lograr cambiar una creencia o una idea negativa.

Mientras transcurre el tiempo, usted tendrá éxito, y los demás lo mirarán y pensarán: *¡No puedo imaginarme cómo lo hizo! ¡Vaya logro!* Luego, puede mirar a una hormiga y decirle: *¡Gracias!*

6

GANE UN CINTURÓN NEGRO EN EL ODIO

Sexta cosa
*Los líderes visionarios desarrollan la capacidad de
detestar las cosas correctas.*

Fue un momento visionario. Tenía un socio nuevo en un emprendimiento por el que estaba realmente entusiasmado. Era una persona de buena reputación en sus logros comerciales, en el liderazgo y en causas filantrópicas. Me impresionó su currículum comercial, ya que había vendido una empresa hacía unos pocos años por más de medio millar de dólares, y había obtenido importantes utilidades en el proceso. Era inteligente, creativo y capaz.

Esperaba aprender mucho al ver estos atributos en acción. Ese momento llegó cuando él solicitó una reunión, como resultado de un problema que descubrimos poco después de ingresar a la sociedad. Nuestro contador encontró una deuda generada por la sociedad y que no había sido revelada en la compra. Como este tipo de suceso contable es poco habitual, no le di mucha importancia. Eran los negocios, como siempre. Cuando nos sentamos, pude darme cuenta de que mi socio no estaba feliz. «No me importan los problemas, porque los negocios ayudan a resolverlos —comenzó—, pero *odio* las sorpresas. Esta nueva información no se me develó en el proceso de adquisición. De haberlo sabido antes, no me hubiera importado; sería solo un problema por resolver; pero no me informaron correctamente. No quiero sorpresas».

Me encantó su actitud respecto de la situación. Pensé: *Esto es lo que hacen los líderes exitosos. Así es como funcionan.* En ese momento, recordé a varios que trabajaban del mismo modo; esto señala nuestro sexto principio para el liderazgo exitoso:

Los líderes visionarios desarrollan la capacidad de detestar las cosas correctas.

El odio que nos vuelve sanos

El principio de *odiar bien* parece un oxímoron para la mayoría de nosotros. Intentamos superar el odio porque todos hemos visto la destrucción que este ocasiona. Habitualmente, pensamos en él como un problema para ser resuelto. Pero, en realidad, el odio es uno de los aspectos más importantes del ser humano, ya que es uno de los ingredientes más cruciales del carácter de una persona: *aquello que detestamos* dice mucho sobre quiénes somos, qué valoramos, qué nos preocupa. Y *cómo odiamos* dice mucho acerca de cómo tendremos éxito en los negocios y en la vida.

En cierta forma, estamos definidos por lo que amamos y por lo que odiamos. Lo que amamos demuestra en qué invertiremos, qué buscaremos y cómo avanzaremos, daremos tiempo y nos orientaremos hacia los demás, poniendo lo mejor de nosotros.

Podemos conocer a las personas por lo que aman. Pensamos diferente acerca de alguien que «ama su trabajo», en oposición a alguien «que ama ganar a toda costa». Amar da una apertura al alma que nos permite saber qué se puede esperar del otro.

Del mismo modo, sabemos mucho sobre las personas por lo que detestan. Aquella que odia el trabajo arduo, por ejemplo, nos da qué pensar. Probablemente, si alguien odiara la debilidad, se pondría en guardia. Tanto el odio como el amor nos permiten conocer a las personas.

¿Qué pensaría, por ejemplo, sobre quien dice odiar la arrogancia, la mentira, la injusticia de que personas inocentes sean heridas, las confabulaciones perjudiciales, las prácticas malignas, la calumnia y las cosas que provocan discordia? Si la vida de una persona demostrara la verdad de estas posturas, ¿no le daría la bienvenida como colaboradora o como socia comercial? ¿No sería más sencillo confiar y depender de ella?

Usted puede depender de una persona que odia las cosas que figuran en la lista anterior porque se esforzará en ser lo opuesto, en todos los tratos que haga. Se pondría a la defensiva contra esos males y lo protegería de ellos, si los demás intentaran dañarlo. En el libro de Proverbios 6:16-19, dice que Dios odia estas mismas cosas. Tal persona sería un buen amigo.

Por eso, amé ese momento con mi nuevo socio. Cuando dijo que detestaba las sorpresas, supe mucho de él. Aprendí que le gustó tratar con cosas en el abierto y que él tomaría pasos activos para acabar con las cosas que odia cuando se presentan. Mi confianza en él creció. Sabía que al tratar con él, siempre tendría la probabilidad de obtener el panorama completo, porque eso es lo que él valora. Lo odia por sobre todo.

Nuestro carácter está formado, de algún modo, a través de un proceso, de aquellas cosas que odiamos y contra las cuales nos movemos. Por ejemplo, si detestamos la duplicidad, entonces queremos diferenciarnos de ella, así que nos movemos hacia lo opuesto, que es ser abierto y honesto. De esta forma:

> *En parte, el carácter está formado por lo que detestamos, porque nos movemos para ser diferentes de ello.*

El odio que protege y que destruye

Entonces, lo primero que hace el odio por nosotros es ayudarnos a movernos contra determinados rasgos y temas, convirtiéndonos así en diferentes de ellos. Nos alejamos de las cosas que odiamos; nuestro odio sirve como una fuerza preventiva.

La segunda forma en que nos beneficia es que nos hace proteger lo que valoramos. Odiamos cuando las cosas que amamos se ven amenazadas, así que actuamos para defenderlas. De ese modo, el odio es una emoción protectora, que nos insta a funcionar abiertamente a la luz.

La tercera forma en la que el odio puede ser algo bueno es la otra cara de la protección: la destrucción de las cosas malas, que con frecuencia son las que amenazan a las buenas. El odio del mal protege el bien, no solo resguardándolo, sino también limpiando el ambiente de las cosas malas que se mueven contra él. Cuando odiamos el mal que nos rodea, nos lo quitamos de encima como un acto de amor. Como escribió el apóstol Pablo: «El amor debe ser sincero. Aborrezcan el mal; aférrense al bien» (Romanos 12:9).

El odio es parte del sistema inmunológico de nuestra alma. De la misma manera que el sistema inmune de nuestro cuerpo odia la infección, el odio dentro de nuestro carácter identifica cosas en su vida como malignas.

Mi amigo tuvo una respuesta inmune activa ante los malos tratos comerciales. De inmediato, se puso en contra de ellos, destruyó la amenaza y protegió las cosas buenas en la relación de negocios. Eso es exactamente lo que se supone que debe hacer el odio.

EL ODIO QUE RESUELVE PROBLEMAS

Los líderes visionarios odian de maneras que *resuelven problemas,* en lugar de *crearlos.* Ese fue uno de los aspectos que me encantó de mi socio. No entró a la reunión furioso y gritando sobre el tema. No desmereció a nadie ni dijo nada que pudiera herir. Fue tras el asunto de una manera constructiva y resolvió el problema en el proceso.

Los líderes exitosos avanzan contra el problema y demuestran, al mismo tiempo, amor y respeto por la persona.

La persona que no odia bien hiere lo que le importa, como sus colaboradores, su hogar o, incluso, él mismo. El odio puede ser una fea enfermedad autoinmune del alma y de la vida. Las personas que con frecuencia fracasan lo hacen porque su odio no les está sirviendo a ellos o a las cosas que les importan y, en cambio, las atacan y destruyen

La diferencia entre los líderes que odian bien y los que odian destructivamente reside en la diferencia entre dos tipos de odio: El subjetivo y el objetivo.

El odio subjetivo está conformado por sentimientos y actitudes que residen en nuestra alma. No está dirigido a nada específico ni es ocasionado cualquier día por un objeto determinado. Está allí como una infección del alma.

El enojo subjetivo explota con otras personas, ocasiona reacciones exageradas, disensos, incapacidad de resolver conflictos, relaciones rotas y muchas otras enfermedades que se relacionan entre sí. Tiene vida propia y va contra las metas de los que lo sufren. Como resultado de ello, no pueden triunfar en conducir a los demás porque el odio subjetivo obra contra sus mejores esfuerzos para que sucedan cosas buenas.

La respuesta consiste en convertir el odio subjetivo en objetivo.

> *Transfórmelo en el tipo de odio que resuelve problemas, proteja las cosas que usted valora, y enfrente lo que usted no quiere en su vida y en su trabajo.*

Para lograrlo, habrá que buscar los verdaderos objetos de odio, de manera objetiva, dejando de lado la furia, para que el resultado sea productivo. El odio objetivo es como un láser, en cuanto a su precisión al apuntar contra lo que da. Al mismo tiempo, es suave e intencional para preservar la integridad y el respeto de la persona, incluso, si esta nos ha ofendido.

¿ODIAR O TOLERAR?

Elegir qué detestar es un asunto serio. ¿Qué tolerará? ¿Qué no? ¿Con qué trabajará y qué no permitirá absolutamente de ninguna manera? Lo que usted no odia lo suficiente puede terminar siendo aceptado por la persona.

Estas son algunas sugerencias que ofrecerían los líderes visionarios:

Haga que sus valores sean intencionales. Piense en situaciones que le han resultado dolorosas, y qué debería ver como digno de confrontar, a fin de proteger lo que ama.

Haga una lista de sus valores. Ore por ellos. Pregúnteles a los líderes visionarios que conoce qué cosas de sus vidas no son negociables. Asegúrese de que su lista incluya todos los aspectos básicos sobre los que tomaría una postura en contra, como la falta de honestidad y de respeto, el maltrato, el control y la opresión.

Maneje su odio subjetivo. Encuentre las fuentes de su odio subjetivo y conviértalas en objetivas. Póngales nombres y rostros a las causas de sus actitudes y sentimientos problemáticos. Por ejemplo: si ha sido herido por un jefe irracional en el pasado, ¿siente odio subjetivo hacia toda autoridad por encima de usted? Haga que ese enojo y esa herida sean objetivos con la persona en sí y con la ofensa que lo hirió, y no generalice. Por sobre todo, busque sanidad y comprensión para los aspectos que fueron lastimados.

Combine el odio con el amor y el respeto. Un líder visionario aparece con lo que llamamos un carácter *integrado*. En otras palabras, cuando trae su odio, también trae su amor. Su odio está integrado con su amor y con otros valores, tales como el respeto por las personas, la amabilidad y el perdón. Así es como puede adoptar una postura dura sobre un asunto difícil, pero sigue amando y sigue siendo amable en el proceso.

Construya sus habilidades. Adoptar una postura contra las cosas que destruyen la vida puede ser difícil si nunca aprendió las habilidades necesarias. Además de ser lo suficientemente fuerte en su interior, podría ser necesario que aprendiera algunas buenas habilidades de solución de conflictos o de afirmación, ya que son propias de los líderes visionarios, y eso significa ser sincero y asertivo, sin perder el control o enfurecerse ni dejarse manipular.

Si va a odiar o no, no es una opción. Usted ha sido creado a imagen de Dios para defender la vida y adoptar una postura contra las cosas que la destruyen. Así que cuando sucedan hechos odiosos, usted va a tener que responder. Está incorporado en usted. Pero debe optar por responder de una manera constructiva. En el proceso, preservará la mayor parte de las cosas buenas de su vida, eliminará la mayoría de las cosas destructivas y experimentará mucho más éxito en su trabajo y en su vida.

7

OLVÍDESE DEL JUEGO LIMPIO

Séptima cosa
*Los líderes visionarios devuelven mejor
de lo que reciben.*

Lograr un buen trato comercial me había llevado mucho tiempo y esfuerzo. Eran varias las partes involucradas, y se había trabajado mucho para llegar hasta ese momento en particular. Tenía muchas esperanzas de éxito. Las cosas lucían bien.

Mi reunión de ese día se suponía que debía ser algo así como una celebración. El hombre con quien me encontraría era la última persona crucial para que funcionara todo.

Había llegado a conocerlo mejor, y me resultó muy interesante, creativo e inteligente. Por eso había estado esperando con ansias el momento en que íbamos a firmar para continuar con el siguiente paso.

Estábamos almorzando y conversando acerca de todo lo que habíamos hecho para llevar las cosas a ese punto y de cuán felices estábamos de que todo hubiera marchado bien. Ahí fue cuando él dijo: «Estoy ansioso por trabajar contigo. Tú haces tu parte, y yo haré la mía. Actúa correctamente conmigo, y yo lo haré contigo. Pero no juegues conmigo, pues no te gustará. Si te metes conmigo, yo me meteré contigo. Trátame bien, y funcionaremos correctamente».

En ese momento supe que nuestro trato se había acabado. No había forma de que siguiera adelante con este hombre. ¿Por qué? Él sólo quería jugar limpio, ¿no es cierto? Mientras lo tratara bien, él me trataría bien. Pero si le daba menos de lo que él deseaba, entonces él iba a hacer lo mismo conmigo. Bueno por bueno, malo por malo. Eso es justo. *Pero destruirá toda relación en la vida, incluyendo su relación con sus superiores, colegas, subordinados, clientes, proveedores y demás.*

Así que le dije al hombre que nuestro trato no funcionaría para mí y que no podía avanzar.

¿Bueno por bueno y malo por malo?

Jugar limpio en las relaciones no funcionará. No me gusta formar parte de sociedades donde la actitud consiste en darle a cada uno solamente lo que merece. Eso es justo, pero si usted y yo somos socios comerciales o compañeros de trabajo, quiero *algo más que justo* de usted. No quiero fallar y que me la devuelva de alguna manera para igualar el puntaje.

Nuestro séptimo principio para el liderazgo exitoso dice:

> *Los líderes visionarios dan más de lo que reciben.*

Esto significa que si cometo un error, quiero que usted me ayude y no, que se vengue. Si fracaso, necesitaré que ponga lo mejor de usted y no, lo peor. Si hago algo mal, precisaré que me lo demuestre y que sea una fuerza para poder volver a la buena senda, de modo que la situación no se deteriore hasta volverse un empate.

Yo querría hacer lo mismo. Si usted cometiera un error o hiciera algo perjudicial para la relación, me gustaría colaborar para que mejorase las cosas y ser una fuerza para ayudarlo a levantarse y no, para arrastrarlo hacia abajo. Ese es el único tipo de sociedad en la que quiero estar.

La falla de jugar limpio

Mi socio potencial no era una mala persona. Era igual a la mayoría de las que encontramos a diario. Son justas siempre que se las trate con justicia; amorosas, mientras son amadas.

Jugar limpio funciona bien... pero por un tiempo. La falla es que todo lo que lleva a que una relación se arruine es que una persona no se desempeñe bien, y entonces la otra hará lo mismo. Hay una dependencia entrelazada: *La otra persona debe ser buena para que yo pueda ser bueno.* Pero puesto que nadie se desempeña a la perfección, todo lo que se necesita para arruinar la relación es una falla. Bajo el sistema de «jugar limpio», el deterioro es inevitable. Vea si estos ejemplos le resultan familiares:

- Una persona está un poco replegada, entonces la otra se siente abandonada y le da el «tratamiento del silencio».

- Una persona es un poco sarcástica, entonces la otra también lo es.

- Una persona se enoja un poco, entonces la otra le retruca.

Generalmente, el que comenzó el ciclo no va a sobrepasarlo de repente. Lo más común es que vuelva a arrojar la pelota por sobre la red. El juego sigue, y no hay árbitro hasta que los jugadores deshacen el trato comercial, son llamados por el jefe o terminan en los tribunales. El resultado final es que la relación se terminó; por lo menos, por el momento, se quebró. *No hay solución,* solo una necesidad de vengarse. Se expresan ira y enojo, pero no se gana nada, ningún problema se resuelve.

La triste realidad es que esta es la filosofía de las masas. Los socios comerciales buenos y justos se separan todos los días. ¿Con cuánta frecuencia oyó decir: «No puedo creer que no hayan formalizado ese trato. Los dos son buenas personas; ¿cómo pudo haber pasado?»

Lo justo es bueno, pero no funciona; así que las buenas personas, diariamente, fracasan en las relaciones.

Llegar más allá del juego limpio

Esta es la Séptima cosa, expresada de tres maneras más elocuentes de lo que yo podría intentar hacerlo:

«¿Qué mérito tienen ustedes al amar a quienes los aman? Aun los pecadores lo hacen así. ¿Y qué mérito tienen ustedes al hacer bien a quienes les hacen bien? Aun los pecadores

actúan así. ¿Y qué mérito tienen ustedes al dar prestado a quienes pueden corresponderles? Aun los pecadores se prestan entre sí, esperando recibir el mismo trato. Ustedes, por el contrario, amen a sus enemigos, háganles bien y denles prestado sin esperar nada a cambio. Así tendrán una gran recompensa y serán hijos del Altísimo, porque él es bondadoso con los ingratos y malvados»
(Lucas 6:32-35).

«No paguen a nadie mal por mal. Procuren hacer lo bueno delante de todos. Si es posible, y en cuanto dependa de ustedes, vivan en paz con todos»
(Romanos 12:17-18).

«No te dejes vencer por el mal; al contrario, vence el mal con el bien»
(Romanos 12:21).

Las personas que triunfan en el liderazgo y en la vida no van por ahí tratando de igualar puntajes. Ni siquiera los llevan. Los acrecientan haciendo el bien a los demás, incluso cuando éstos no lo merecen. Les dan más de lo que ellos puedan recibir. Y como resultado, con frecuencia llevan a la otra persona hasta su propio nivel en lugar de descender al nivel de la otra persona. Es la ley del amor, cambiar las cosas para mejor.

Observemos cómo hacen funcionar este principio los líderes visionarios:

Quitarse de encima el enojo. Cuando usted se siente enojado con alguien que solo le está dando lo que usted merece, hay dos formas equivocadas de responder y una que es la correcta.

La primera forma equivocada negarlo, no darse cuenta de que está enojado o no permitir decirse que algo anda mal. La segunda, es usarlo para vengarse de los que le hicieron mal: desacreditarlos, herirlos, agredirlos, avergonzarlos o manipularlos para que mejoren. Ninguna de estas maneras puede detener la inmediata disolución de la relación, y hasta, de hecho, puede apresurarla.

La forma correcta es usar su enojo para hacerle saber a la otra persona que hay un problema. Luego, vaya y solucione el problema, abordando a la persona con amor; no, con enojo, y enfrentando el tema en cuestión. Arregle los problemas tratando a la otra persona mejor de lo que usted fue tratado.

Pregúntese qué es útil. Devolver más de lo que recibió mejorará la relación para ambas partes, no solo para la que ofende. La persona madura de la relación preguntará:

> *¿Cómo puedo dar vuelta esto? ¿Cómo puedo ayudar? ¿Qué necesita esta persona? ¿Qué lo llevaría a un lugar mejor?*

Devolver lo que es bueno es más útil que permitir que alguien se salga con la suya con cosas malas.

Sobrepase su propia necesidad. Los líderes exitosos ven la vida como un lugar para dar y, como un subproducto de dar, finalmente reciben. Cuando una persona toma el camino ascendente y ayuda a un colaborador descarriado, a un cónyuge o a un amigo, a madurar a través del amor y de hacer cumplir los límites, con frecuencia obtiene un colaborador, cónyuge o amigo maduro como recompensa por su sacrificio. Al «perder nuestra vida» —como dijo Jesús— la «ganamos». Pero por exigirla al principio, la perdemos. El camino más elevado que conduce a una recompensa es siempre el que comienza con el sacrificio de dejar las propias necesidades de lado. Puede ser que eso no sea justo, pero es cierto.

Pregunte cómo ha contribuido. Pocas cosas aflojan los grilletes en una relación como preguntarle a la otra persona de qué manera lo ha herido o ha contribuido al problema. No podemos requerir madurez de la otra persona hasta que seamos maduros nosotros. Acudir a ella y demostrar que nos importa cómo le afecta nuestro comportamiento es un paso en la dirección correcta. *Supere el odio con amor.*

Dé lo opuesto. Si alguien intenta controlarlo, no lo controle a él. Dé libertad a cambio. Dé opciones. Si alguien es perfeccionista o crítico, no lo critique por serlo. No esté de acuerdo con ello; solo acéptelo. No se alimente con cosas malas, destructivas, sino siembre exactamente lo contrario. No deje que la otra persona se salga con la suya, hiriéndolo, sino evite sembrar más mal comportamiento en la relación. Eso es autosuperarse.

No juegue limpio, juegue correctamente

Los líderes visionarios han trascendido la necesidad de venganza. Su primer objetivo es mejorar las cosas para otra persona o para el grupo. El beneficio ajeno es su preocupación más importante. Eso no significa que no tengan interés en el propio beneficio, sino, simplemente significa que en su tratamiento de los demás, su meta es hacer bien a los otros, *independientemente de cómo sean tratados*. No juegan limpio; juegan correctamente.

La venganza es para las personas inmaduras. Los líderes maduros saben que, finalmente, el que ofende va a obtener lo que se merece sin que nadie lo procure. Dios y el universo tienen una manera de que eso suceda, como la ley natural de sembrar y cosechar. Pero incluso este resultado no es algo que los líderes visionarios desean para otra persona, y eso es la marca de su carácter. Ellos quieren, de verdad, lo mejor para los demás, incluso para los que los perjudican.

8

DEJE DE EXAGERAR SOBRE SÍ MISMO

Octava cosa
Los líderes visionarios no luchan por ser o por aparentar más de lo que realmente son.

Ryan era un líder exitoso en los negocios que trabajaba para una compañía de Fortune 500. Joven y enérgico, había trepado la escalera corporativa rápidamente. Luego de haberle ido bien con unas tareas, en Japón y en Australia, era muy valorado en su trabajo. Había varias razones para su éxito, pero al hablar con él un día, advertí una de las principales.

Había oído la historia de cómo, en poco tiempo, Ryan tomó un negocio de jabón para lavanderías, casi inexistente en China, y lo convirtió en uno con ventas por casi mil millones de dólares. ¡Fue un logro increíble! Piense en llegar a un país en el que nunca estuvo, donde no conoce el idioma, no tiene amigos ni apoyo, y alcanzar un éxito tan espectacular. ¿Cómo se hace? Eso es lo que le pregunté a Ryan.

—Obtuve un trabajo en un cultivo de arroz —me dijo.

Estaba un poco confundido.

—¿Qué tiene que ver el arroz con construir un negocio de detergente para lavanderías de mil millones de dólares?

—Bien, pensé que si iba a trabajar en un cultivo de arroz y estaba con los trabajadores todos los días, me enteraría de cómo usaban su jabón —dijo—. Luego pude darme cuenta de qué hacer con el negocio.

—¿De qué manera trabajar con la gente derivó en ventas monstruosas? —pregunté.

—Me enteré de que todos los trabajadores básicamente iban a un solo lugar para lavar su ropa porque el agua era más suave allí —me explicó Ryan—. Hacían ese viaje incómodo porque el agua en los hogares chinos era dura. El agua más suave hacía más burbujas y limpiaba mejor, permitiéndoles usar menos jabón.

—¿Cómo fue que enterarte de eso creó ventas para ti? —pregunté—. ¡No podías solucionar el problema del agua…!

—En realidad, lo hice —dijo—, aunque no cambié el agua. Llevé la información a nuestro departamento de investigaciones, y desarrollamos una fórmula de detergente que producía tantas burbujas con el agua dura como con la blanda. Así que, por primera vez, podían lavar su ropa en casa. Fue una gran revolución. Luego hicimos publicidades que mostraban todas esas burbujas que se generaban usando el agua en sus propias casas, y las ventas se fueron a 800 millones de dólares.

La historia de Ryan revela que la forma de vender jabón en China es trabajar en un cultivo de arroz. Pero la pregunta importante es: *¿Qué generó la idea de trabajar en un cultivo de arroz?* ¿Qué hizo que mi amigo hiciera eso? La respuesta: humildad.

Fue la humildad lo que generó mil millones de dólares, no el jabón ni el arroz. Esta calidad sencilla pero profunda de los líderes visionarios, la octava de las *nueve cosas*, los ayuda a tener éxito en los negocios y en la vida. El principio de la humildad es así:

En otras palabras, saben qué cosas desconocen, para qué son buenos y qué necesitan aprender. Si necesitan averiguar algo, lo hacen, en lugar de actuar como si ya lo supieran.

La necesidad de ser más grandes de lo que somos

El diccionario da estas definiciones para la palabra *humilde:* 1) no orgulloso o altanero; no arrogante ni asertivo; 2) reflejado, expresado u ofrecido en un espíritu de deferencia o sumisión (una disculpa *humilde*); 3) tener un rango bajo en una escala jerárquica; INSIGNIFICANTE; SIN PRETENSIONES; 4) no costoso ni lujoso (un artificio *humilde*).

A través de estas definiciones y de otras, podemos obtener una sensación de lo que significa ser humilde, en contraposición a orgulloso. Y la mayor parte de la gente puede «oler» la verdadera humildad, así como también la arrogancia o el orgullo que es su opuesto. Lo sabemos cuando lo vemos.

¿Pero cómo comprendemos la humildad de maneras que la podamos poner en práctica como líderes, que den frutos en nuestras vidas y en nuestros negocios? Un simple principio guía que comprende a muchos otros es:

La humildad es no tener una necesidad de ser o de aparentar ser más de lo que uno es.

Un líder visionario es un ser humano como todos los demás, que evita sentir la necesidad de ser más que eso.

Así como la humildad vende jabón, también puede lograr el éxito en todas las áreas de su vida y en su liderazgo. Observemos algunas formas importantes en que contribuye al éxito y cómo su carencia puede garantizar el fracaso.

Todo el mundo mete la pata

Estaba en medio de una de las pruebas más difíciles de mi vida comercial. Un empleado mío había manejado horriblemente mi compañía, ocultándome la deuda que sus fallas habían causado. En el momento de mi mayor desesperación, recibí un llamado providencial de uno de mis mentores de los negocios y héroes en la vida, un hombre que había amasado muchos éxitos en su carrera de negocios.

Me daba un poco de vergüenza que él supiera sobre el lío en el que me había metido, pero finalmente le conté toda la triste historia. Cuando terminé, lo que dijo me cambió todo el panorama y jugó un papel importante para poder dar vuelta la situación.

«Nosotros, incluyéndome a mí, hemos estado donde estás tú —comenzó—. Cualquiera que construye algo es engañado o sorprendido por lo menos una vez. Todos hemos tenido esta experiencia en la que no conocemos el paso siguiente ni cómo salir del problema, pero confío en que lo resolverás. De hecho, esa es tu mejor cualidad».

No fui más inteligente después de ese llamado telefónico y no tuve más respuestas que antes. Pero saber que *esto forma parte del camino del éxito y que, incluso, las personas muy exitosas atraviesan pérdida, fracaso y crisis,* me dio un coraje y una esperanza que no había tenido antes.

La humildad de mi mentor se demostró en este hecho: Aunque era muy exitoso, *aceptaba sus propios fracasos y errores e, incluso, los miraba como parte del proceso mismo.* Esta es una cualidad importante de los líderes visionarios: no se sorprenden cuando cometen errores; como resultado de ellos, pueden identificarse con los que sí lo hacen, y no los juzgan ni se juzgan equivocadamente a sí mismos.

Identificarse con otros seres humanos normales que fracasan conduce a una cantidad de patrones de éxito. Dos de estos son factores importantes para lograr el éxito en el liderazgo:

1. Las personas exitosas demuestran amabilidad y comprensión, y ayudan a los demás que fracasan.
2. Las personas exitosas no se descarrían por sus propias fallas; las aceptan como una parte normal del proceso.

El primer rasgo es, por cierto, un don increíble para darles a los demás. Una y otra vez he visto cómo los líderes visionaros extienden sus brazos para servir a otros. Siempre suelen entregarse. El éxito y dar son sinónimos de muchas maneras. El éxito egoísta siempre condensa. Las vidas centradas en sí mismas siempre crean agujeros negros autodestructivos.

Los dadores humildes también desarrollan mucha equidad de relaciones a través del tiempo. Se han extendido para comprender y alcanzar a los demás y, como resultado de ello, son sumamente valorados y amados. Crean verdaderas redes de cuidado en sus vidas. Experimentan relaciones de alta calidad, como consecuencia de dar y comprender del mismo modo.

El segundo punto también es vital para el éxito. Las personas que aprenden del fracaso están motivadas a hacer mejor las cosas. La autoconfianza no surge de verse como fuerte, sin defectos o por encima de cometer errores. La autoconfianza y el creer en sí mismo provienen de aceptar los defectos y los errores, y de darse cuenta de que usted puede avanzar y crecer más allá de ellos, que puede aprender de ellos.

Todos pueden aprender del hecho de meter la pata

Las personas que piensan que tienen todo están infectadas con una enfermedad terrible y ni siquiera lo saben. Se alaban demasiado a sí mismos —como dijo David—, como para dónde erraron al blanco (Salmo 36:2). En contraposición, los líderes visionarios no sufren la enfermedad de intentar preservar la visión de que son buenos, ya sea en sus propias mentes o ante los ojos de los demás, porque no la tienen ni desean que los demás tengan esa visión de ellos.

En cuanto a sus imperfecciones, estas personas hacen muy bien, por lo menos, dos cosas que construyen el éxito, alientan las buenas relaciones y fomentan el aprendizaje, el crecimiento y la sabiduría:

1. Cuando cometen un error, lo admiten rápidamente.

2. Reciben bien la corrección y la confrontación de los demás.

La primera cualidad ayuda a aprender y siempre está relacionada con la sabiduría. No podemos crecer ni aprender si no admitimos nuestros errores. ¿Cómo podemos mejorar, si no estamos dispuestos a aceptar que algo está mal? Ver nuestras propias fallas es un factor clave para crecer en sabiduría y para aprender a hacer que funcionen las cosas.

Estrechamente relacionado con esto está el hecho de responder en forma constructiva cuando la noticia de nuestras imperfecciones llega a oídos de los demás. La manera del líder visionario es recibir la corrección como un don, sin ponerse a la defensiva. Esta es la postura de un tonto, como debe saberlo por experiencia, si alguna vez le dio retroalimentación a una persona que se ponía a la defensiva. Salomón dijo: «El que corrige al burlón se gana que lo insulten; el que reprende al malvado se gana su desprecio» (Proverbios 9:7).

Un espíritu orgulloso que se resiste a la corrección tiene malas relaciones. Y, además, provoca el fracaso en el desempeño del que está a la defensiva, que es incapaz de crecer y de superarlo porque está cerrado a la información que le ayudaría.

Los líderes exitosos fracasan igual que todos los demás, pero se diferencian en la forma en que manejan su fracaso y sus imperfecciones. En lugar de sentirse atraídos a ser vistos como «correctos» o «buenos», están interesados en lo que es mejor, sin importar quién tiene la razón. Nunca oye palabras como: *¿Cómo te atreves a cuestionarme?*, sino: *¡Oh, Dios, esto no está bien! Dime más acerca de cómo te pareció* o alguna respuesta similar, que le hace saber que no están intentando defenderse, sino ayudar a que las cosas vayan bien.

DÉJELO DE LADO Y TENGA MÁS ÉXITO

La humildad significa dejar de lado el pensamiento de que lo sabemos todo, dejar de lado el pensamiento de que podemos hacerlo todo, dejar de lado el pensamiento de que tenemos que hacerlo bien todo el tiempo, dejar de lado el pensamiento de que somos mejores que los demás cuando ellos no hacen bien las cosas, dejar de lado la necesidad de ser visto como correcto o bueno todo el tiempo y dejar de lado el estar a la defensiva. En todos estos casos, la manera del líder visionario, básicamente, es ser real. La diferencia entre estos líderes y otros así llamados líderes exitosos es que tienen éxito en *todo* en la vida. Son integrados y no ven el éxito como *quienes* son, señoreándose sobre los demás; se ven a sí mismos como personas igual que todas los demás, y hacen todo lo que pueden por amar y servir a los que los rodean. Como resultado, tienen más éxito.

Sea un líder visionario y aprenda el camino de la humildad. Cuando lo haga, no solo tendrá más éxitos, sino que también mantendrá el que tiene. A continuación hay algunas sugerencias sobre las actitudes humildes de los líderes visionarios:

- Diga que lo lamenta a sus hijos, a su cónyuge, a sus compañeros de trabajo, a sus clientes y a otras personas, cuando les falle.

- Deshágase toda postura defensiva cuando le suceda. Lo que usted defiende —la necesidad de ser más de lo que es— no vale la pena.

- Sirva a las personas que están «por debajo» de usted en cualquier estructura que lo ha colocado «por encima» de ellas. En las organizaciones en las que hay jerarquías, los líderes visionarios están tan preocupados por su relación con el custodio como con el director ejecutivo.

- Desarraigue toda actitud de derecho. Abrace un espíritu de gratitud por todo lo que tiene o por cualquier tratamiento bueno que obtenga.

- Cuando hiere a alguien, escuche. Intente comprender qué siente la otra persona y entérese de cómo mejorar las cosas.

- Acepte sus imperfecciones y las imperfecciones de los demás. Nunca se deje sorprender por ellas.

- Use el fracaso como un maestro y un amigo.

- *Sea humilde.*

9

IGNORE LAS ENCUESTAS SOBRE POPULARIDAD

Novena cosa
*Los líderes visionarios no toman decisiones sobre la
base del temor a las reacciones de los demás.*

Mi cliente Simón era una persona tan agradable como siempre querría conocer. Continuamente se preocupaba por los demás, con frecuencia llegaba a ellos y era sensible respecto de sus sentimientos. Como presidente de una organización grande, hacía muchas cosas extra por los empleados. Dedicaba una gran cantidad de dinero para su crecimiento y desarrollo personal, mucho más que el promedio de la industria. Yo estaba impresionado por su compromiso con las personas y su bienestar. Debido a esto, nunca hubiera adivinado que haría lo que hizo: un acto que lo revelaría como un líder visionario.

Simón fue contratado para dar vuelta la empresa. Había crecido en forma estable durante unos veinte años, cuando llegó a una meseta. Su tarea era devolver la organización a las tasas de crecimiento que había experimentado en sus épocas de gloria. Pero cuando se metió en medio de todo eso y comenzó a estudiar qué sucedía, se dio cuenta de algo. La solución al estancamiento de su compañía no iba a ser simplemente un asunto de hacer lo que habían estado haciendo, sino de hacerlo mejor o, incluso, de agregar innovaciones radicales. Él iba a tener que reestructurar toda la operación de la cabeza a los pies. Ese era el único camino por medio del cual la empresa podría adaptarse al nuevo mercado, y cumplir con su misión y su propósito.

Simón estaba entusiasmado con el desafío, pero había un problema. La reestructuración iba a ser dolorosa de dos maneras significativas. Primero, muchos empleados perderían sus cargos, serían reasignados, deberían mudarse a otro lado o hasta serían despedidos. Muchas personas por las que Simón se preocupaba iban a estar muy molestas y enojadas con él. Segundo, no había recompensas a corto plazo para Simón mismo. Los resultados positivos de sus acciones tardarían un poco en aparecer. Mientras tanto, luciría como el tipo malo, por lo menos, durante dos años. Las personas pensarían que él había fracasado.

Conociendo a Simón, no esperé que el segundo obstáculo, la tentación de preocuparse por lo que los demás pensaran de su desempeño, fuera grande para él. No era del tipo que buscaba admiración o adulación de los demás. Pero puesto que era una persona dedicada a la gente, sí esperaba que tuviera muchos conflictos con el primer obstáculo. Hacer que tanta gente se sintiera molesta con él y colocar las relaciones de larga data en un conflicto serio sería una cosa muy difícil para él. Así como era orientado hacia los demás, realmente yo no sabía si él podría seguir adelante, y esperaba que se detuviera. Lo que sucedió fue exactamente lo contrario.

«Bien, anuncié la reestructuración –me dijo–. Fue lo correcto, pero ha ocasionado una tormenta de problemas en las relaciones. Mucha gente está furiosa conmigo. Así que ahora tengo que arreglar las cosas con varias personas. Dedicaré muchas horas a reuniones con las que he conocido y trabajado durante años. No va a ser divertido».

Me quedé pasmado no solo por su sentido de la resolución, sino también por el hecho de que había superado el temor a las reacciones de las otras personas. Pero en realidad, *él nunca había tenido ese temor en primer lugar.* Las aceptaba como una realidad que resultaría de hacer bien las cosas, pero no les temía.

He visto esta característica en forma consistente, en los líderes verdaderamente exitosos. Por más que aman a los demás y sienten profundamente el dolor o la angustia que ocasionan sus decisiones, operan con nuestro noveno principio:

> *Los líderes visionarios no toman decisiones sobre la base del temor a las reacciones de los demás.*

Los líderes exitosos son sensibles a las reacciones de los demás, pero al considerar si un curso dado es correcto o no, si le va a gustar o no a alguien más, no es un factor que tenga ningún peso. Preocupación, sí; pero peso, no. Estos líderes deciden hacer lo que es correcto primero y tratan con los problemas después.

Observemos algunos de los obstáculos que se oponen a este principio vital del liderazgo exitoso:

«No quiero lastimar sus sentimientos»

Piense en situaciones donde preocuparse demasiado por no herir los sentimientos de alguien puede hacer que una persona detenga o arrastre demasiado tiempo una cosa mala:

- Despidos, descenso de grado o reasignación de un empleado.

- Enfrentar a alguien.

- Decir que no a una solicitud de hacer algo que implique tiempo, energía, dinero u otros recursos.

- Decir que no a una solicitud porque violaría uno de sus valores.

- Hacer una intervención con alguien debido a su conducta muy destructiva.

- Decirle a alguien que ha abusado de nuestra hospitalidad.

- Advertirle a alguien un defecto que no ve en sí mismo, que está lastimando sus relaciones con los demás.

Una de las distinciones importantes que hacen los líderes visionarios en estas situaciones es la que hay entre lastimar a alguien y perjudicarlo. Lo primero forma parte de la vida normal: Nuestros sentimientos pueden ser lastimados cuando nos enfrentamos con alguien, por ejemplo. Tenemos que tragarnos el orgullo y mirar algo negativo dentro de nosotros mismos, y eso duele, pero duele como una cirugía: es bueno para nosotros. Duele, pero no nos perjudica.

Ser rechazado es igual. Escuchar un «no» lastima, a veces, en especial, si realmente queremos algo. Fracasar o ser despedido es como un aguijón. Pero esas cosas no nos perjudican. Son parte de la vida y aprendemos de ellas, si miramos la vida en forma correcta. Oír una verdad dura puede en realidad ayudarnos. Como dice Salomón: *Más confiable es el amigo que hiere que el enemigo que besa* (Proverbios 27:6). Herir no quiere decir perjudicar.

Perjudicar es lastimar a la gente haciéndole cosas destructivas. No lastimamos ofensivamente a otra persona cuando tomamos una decisión de hacer algo que le duele, si es con un propósito o por el bienestar propio. Aprenda el viejo dicho: *No estoy haciendo esto por ti. Lo estoy haciendo por mí.* Eso no es perjudicar para nada, incluso, si la persona que lo recibe actúa como si lo fuera.

«Después de todo lo que he hecho por ti»

Otra barrera que muchas personas sienten al tomar decisiones es la culpa. Cuando eligen hacer algo por sí mismos o tomar cualquier determinación con el convencimiento de qué es lo correcto, a veces sienten como si hubieran hecho algo malo debido a las reacciones adversas de la gente.

El líder visionario puede encontrar culpa en situaciones como estas:

- Aceptar un ascenso bien ganado cuando le correspondería a un colega con mayor antigüedad.

- Despedir a buenos empleados que simplemente fueron víctimas de una reducción presupuestaria.

- Subir los precios a clientes fieles que sufrirán con el incremento.

- Recortar las comisiones de un equipo de ventas.

Las respuestas que obtendrá estarán dentro de la línea de: «Después de todo lo que hice por ti y por la empresa, ¿este es el agradecimiento que recibo?» o «No hice nada malo; ¿por qué me llevo la peor parte de este trato?». Manténgase firme en su rumbo para hacer lo correcto y no permita que los mensajes de culpa lo desvíen de él.

«¡Si no obtengo lo que quiero, lo lamentarás!»

Habitualmente, no ve enojarse a personas responsables y atacar simplemente porque no obtienen lo que quieren. Pero con frecuencia ve a personas irresponsables ponerse furiosas cuando oyen «no». Si cede ante ellos, descubrirá cuán ciertas son las palabras de Salomón: «El iracundo tendrá que afrontar el castigo; el que intente disuadirlo aumentará su enojo» (Proverbios 19:19). En otras palabras, si cede una vez ante el enojo de alguien, prepárese para volver a hacerlo la próxima vez que diga que no.

Si permite que el enojo de los demás decida su curso de acción por usted, entonces acaba de entrenarlos acerca de cómo obtener lo que quieren de usted; se pone a disposición de vivir la misma experiencia de nuevo. Además, ¿realmente, quiere ceder ante alguien que solo va a odiarlo si no lo hace? ¿Qué tipo de relación es esa?

Si está cambiando su curso de acción basándose en el hecho de que alguien podría enojarse con usted, ha elegido un fundamento frágil sobre el cual tomar una decisión. Ha perdido el control de sí mismo, y eso no es lo que hacen los líderes exitosos. No son tomados como rehenes por el enojo.

«No me gustarás»

A veces, los que necesitan enfrentarse temen no solo una respuesta negativa tal como el enojo o la culpa, sino la pérdida de algo positivo que valoran demasiado como para arriesgarlo. Simón, mi cliente, hombre de negocios, enfrentó dos escenarios posibles, cada uno de los cuales resultaría difícil. Uno era que las personas se iban a sentir molestas y el otro, la pérdida de las recompensas a corto plazo de Simón, tal como que la gente piense que estaba haciendo un gran trabajo y lo admire como un líder exitoso. Para Simón, la pérdida transitoria de una imagen positiva no era un problema; pero para algunas personas, el temor de perder la aprobación del otro o su amor es un gran valor, incluso más grande que hacer lo que deben hacer para solucionar un problema.

Los líderes visionarios van en contra de las posibilidades, si estas están en contra de lo correcto. Están dispuestos a ser los raros, arriesgando la pérdida de aceptación, con el objeto de hacer lo correcto. Comprenden que la aprobación de los demás no llega muy lejos en hacer que uno se sienta verdaderamente satisfecho. Puede ser agradable por un momento, pero levantarse todos los días y hacer lo que cree que debe hacer es mucho más duradero.

Aprenda a hacer sentir mal a las personas correctas

Con frecuencia, los líderes me preguntan: «¿Cómo trata a las personas controladoras?» Mi respuesta es que usted los convierte de ser controladores a sentirse frustrados. La única forma en que las personas pueden ser controladoras es cuando las hacemos así, haciendo lo que ellas quieren.

Esto es lo que sucede: Ellos se enojan, usan la culpa o se ponen demasiado insistentes, y nosotros cedemos. Luego, los describimos como controladores. En realidad, si no hacemos lo que ellos quieren, no podríamos llamarlos así. Si les decimos que no y no hacemos lo que están exigiendo, no tienen control sobre nosotros. Simplemente, se frustran. Los hemos convertido de ser controladores a estar frustrados.

Los siguientes son algunos ejemplos de maneras en que puede mantener la relación empalizando con ellos, en lugar de dejar que lo controlen con sus exigencias. Usted puede decir algo como esto:

«Lamento que sea frustrante para ti cuando te digo que no. Puedo ver que es difícil para ti aceptarlo».

«Lamento que te parezca que no me importa. Eso debe ser difícil. Pero también espero que veas que *sí* me importa».

«Lamento que sea tan frustrante para ti que tome esta decisión. Espero que puedas aceptar que me sigues importando, aunque haya decidido hacer esto a mi manera».

IGNORE LAS ENCUESTAS SOBRE POPULARIDAD

MARQUE SU RUMBO

Para ser un líder exitoso, puede ocurrir que no sea capaz de mantener felices a todos los que lo rodean. De hecho, si es exitoso en cualquier campo de la vida, ¡está garantizado que deberá sermonearlos! Jesús lo expresó mejor: «¡Ay de ustedes cuando todos los elogien!» (Lucas 6:26). Cuando *todas* las personas hablan bien de usted, significa que usted está ocultando la verdad y que quiere complacer a la gente. No puede decir la verdad, vivir con buenos valores y elegir su propio rumbo, sin desilusionar a algunas personas.

La clave consiste en no contar sus críticos, sino en sopesarlos. Olvídese de las encuestas de popularidad. No intente evitar a gente que lo molesta; *solo asegúrese de que está molestando a los que debe molestar*. Si las personas buenas, amorosas, responsables y sinceras están enojadas con usted, entonces es importante que observe las medidas que está tomando. Pero si las personas controladoras, ciclotímicas, irresponsables o manipuladoras están molestas con usted, entonces tome valor: podría ser una señal de que está haciendo lo correcto ¡y de que se está convirtiendo en un líder visionario!

CONCLUSIÓN
CÓMO CONVERTIRSE EN UN LÍDER VISIONARIO O EXITOSO

Fue uno de mis días más oscuros en la universidad. Mis altas esperanzas de una carrera deportiva finalmente terminaron, por una lesión en el tendón. Había intentado y fracasado en encontrar algo en qué hincar mis dientes, pero nada me interesaba. Aún más grande era mi preocupación acerca de cómo me iba a llegar el éxito, incluso si encontraba un tema que me interesara. Y para que mi ánimo fuera todavía más oscuro, acababa de romper con una novia, con la cual iba bastante en serio. Me desesperaba no poder nunca triunfar en una carrera significativa o en una relación duradera.

Por algún motivo, ese día pensé que debía mirar la Biblia, algo que hacía mucho tiempo no hacía desde que llegué a la universidad. Cuando abrí el libro, me topé con un versículo que pareció saltar hacia mí. Era de una sección en la que Jesús estaba diciendo que preocuparse por la vida (exactamente lo que yo estaba haciendo en ese momento) no nos lleva demasiado lejos para lograr lo que deseamos. En cambio, él apuntaba a un camino diferente:

«Así que no se preocupen diciendo: "¿Qué comeremos?" o "¿Qué beberemos?" o "¿Con qué nos vestiremos?" Porque los paganos andan tras todas estas cosas, y el Padre celestial sabe que ustedes las necesitan. Más bien, busquen primeramente el reino de Dios y su justicia, y todas estas cosas les serán añadidas. Por lo tanto, no se angustien por el mañana, el cual tendrá sus propios afanes. Cada día tiene ya sus problemas» (Mateo 6:31-34).

Ese día, no sabía todo lo que Jesús quería significar con esos versículos; pero sí, que la forma en que tomaba las cosas no funcionaba. Así que decidí intentarlo a su manera. Le dije que necesitaba ayuda, que mi vida no estaba funcionando, y que lo necesitaba para que me mostrara el camino, para que todo confluyera bien. Supongo que usted podría llamarlo el «salto de la fe», del que habla la gente.

Ese día descubrí cuatro cosas que cambiaron mi vida. Fueron las mismas que oí afirmar a otras personas, innumerables veces:

CONCLUSIÓN

1. Dios está allí para ayudarnos, si se lo pedimos.

2. Él no solo nos ayuda directamente, nos da a los demás para que nos ayuden.

3. Él diseñó la vida para que funcione de acuerdo con determinadas verdades y principios.

4. Al practicar esas verdades y principios, se dan buenas cosas.

Ese fue un momento definitorio. Volcar mi vida y mi futuro a Dios y comenzar a vivir y a conducir en las maneras que él me dirigía me ha llevado a una vida fructífera y de satisfacción, más allá de mis mayores esperanzas.

Quiero alentarlo a que emplee estos mismos cuatro pasos al poner en práctica las *nueve cosas*. Creo que Dios lo ayudará. También le dará gente que lo haga, y él revelará las verdades que usted necesita aprender para ponerlas en práctica. Su tarea es abrazar activamente estos cuatro pasos, mientras aprende las *nueve cosas*.

Algunos de los ítems que siguen pueden parecerle conocidos porque los hemos tocado brevemente en los capítulos anteriores. Pero los enumero aquí, como peldaños en la escalera del camino de aplicar las *nueve cosas*.

Doce pasos para aplicar las 9 cosas

1. No lo haga solo
Mientras mira las *nueve cosas* y desea practicarlas, busque personas sabias y amorosas que lo ayuden. Encuentre un grupo de apoyo, un consejero o un entrenador. No hay fórmula mágica que le diga que necesita ayuda; pero hay una que dice que si no la tiene, no va a llegar tan lejos (Eclesiastés 4:9-12). Así que como escribió Salomón, y lo han demostrado innumerables líderes visionarios: «No lo haga solo».

2. Reciba sabiduría
Todos tenemos mucho por aprender. Busque sabiduría en aquellos que conocen y ya han hecho lo que usted está buscando hacer. Lea, estudie, concurra a seminarios, tome clases, investigue, esté con gente que lo hace bien. En breves palabras, absorba toda la información que pueda encontrar, que se relacione con lo que quiere hacer. Salomón dijo: «La sabiduría es lo primero. ¡Adquiere sabiduría! Por sobre todas las cosas, adquiere discernimiento» (Proverbios 4:7).

3. Reciba retroalimentación y corrección
Las personas sabias reciben bien las observaciones. Si lo supiera todo, ya estaría allí. Así que solo siéntase cómodo con

el hecho de que hay cosas acerca de usted mismo y de sus conductas que necesitan corrección. Si lo hace, estará abierto a las preguntas cuando lleguen, y con cada corrección se acercará un paso más a su meta.

4. Encuentre modelos para seguir
No podemos hacer fácilmente lo que nunca vimos hacer. Sus modelos pueden ser personas que conoce bien, como mentores, amigos o entrenadores; o que usted «observe» al estudiar sus historias y al ver cómo se comportan. Es el hecho de observar e imitar lo que nos lleva un paso más allá del paso número uno («No lo haga solo»). Se trata de verlo hecho antes de que usted pueda hacerlo.

5. Revise sus patrones
¿Hay un patrón en el que falla? Mire hacia atrás y revise en lo que usted se ha detenido antes y luego usa el principio de cuarentena explicado en el paso diez. No permita que los patrones del pasado se repitan. Ármese contra el modelo y el disparador que aparentan brindarle protección cuando vienen a su alrededor otra vez

6. Trate con sus impedimentos
Hay ocasiones en que las propias heridas y dolores o nuestra debilidad interfieren en la capacidad de practicar las

nueve cosas. Si padece de trastornos clínicos, tales como depresión o ansiedad, busque ayuda. Al resolver esos temores y dolores, encontrará más libertad para practicar y ejecutar las *nueve cosas*. Consulte con un buen psicólogo o consejero. Únase a un grupo o a un programa.

7. Agregue estructura
A veces, la estructura externa es necesaria para lograr cosas para las cuales carece de disciplina a fin de lograrlo solo. Por eso la gente asiste a programas como «Weight Watchers» (Controladores del peso) o Alcohólicos Anónimos. Recuerde el axioma: Si no ha tenido la disciplina de hacerlo por sus propios medios, no la obtendrá apretando los dientes e intentando una vez más. Agregue la estructura desde el exterior.

8. Practique, practique, practique y fracase.
El crecimiento es un proceso. Deje de lado su exigencia de tenerlo todo preparado ahora mismo. El fracaso es parte del proceso, y nadie que alguna vez llegó allí lo hizo sin fracasar. Un líder exitoso es el que da un paso, fracasa, se reorganiza, aprende del error e lo intenta de nuevo.

9. Cambie sus creencias
Al embarcarse en este camino de crecimiento, encontrará que el movimiento hacia delante expone los antiguos sistemas

CONCLUSIÓN

de creencias que intentarán impedirle alcanzar su meta. Pero recuerde esto: sin importar cuán profundas sean esas creencias en su mente, no tienen nada que ver con la realidad del futuro. Escuche cómo se habla a sí mismo, luego cambie cada creencia negativa por una positiva, que refleje la forma en que quiere creer y que pueda hacerse realidad. Aprenda a responder a las creencias debilitadoras al oírlas llegar a su mente.

10. Ponga sus debilidades en cuarentena
Si tiene una debilidad o un patrón, en particular, que lo descarrió en el pasado, asegúrese de protegerse de él. Debe aprender qué cosas lo activan y asegúrese de estar protegido. De otro modo, lo conducirán al mismo fracaso que antes.

11. Ponga en papel su visión y sus metas
Si no tiene ningún plan ni meta para que lo conduzcan a algún lado, no terminará en ningún lado. Pero si ha escrito sus visiones y metas, lo más probable es que las logre. Escriba la visión general y planee pasos pequeños, pero que se puedan lograr y que lo conduzcan allí. Coloque una fecha a cada paso. Pídales a los demás que lo hagan responsable respecto de esos pasos y de esas fechas.

12. Ore, ore, ore
Jesús dijo que el que pide, busca y golpea la puerta, recibirá. La oración es una conversación sencilla con Dios, la fuente de todo lo que necesitamos. Si le pide, él responderá. Y sus respuestas siempre son para nuestro bien, incluso cuando no parecen serlo en el momento.

Las 9 cosas son para todos

Los principios que tratamos en estos capítulos están disponibles para todos nosotros. No vea el éxito en el liderazgo como una meta que no puede alcanzar o un trofeo, solo para personas especiales o afortunadas. El éxito nunca está incorporado en una persona, sino en las formas de sabiduría que trascienden a cualquier individuo. Lo que hacen los líderes visionarios es hallar esas maneras y practicarlas. Es mi esperanza que pueda advertir que ellas también están disponibles para usted. Lo aliento a que se embarque en un camino de ponerlas en práctica en su propia vida y a que se convierta en un líder visionario. Si permanece en el camino, espero llegar a conocerlo y verlo hacer o decir algo que parezca pequeño e insignificante para usted, pero vagamente familiar para mí... como un visionario.

DISFRUTE DE OTRAS PUBLICACIONES DE EDITORIAL VIDA

Desde 1946, Editorial Vida es fiel amiga del pueblo hispano a través de la mejor literatura evangélica. Editorial Vida publica libros prácticos y de sólidas doctrinas que enriquecen el caudal de conocimiento de sus lectores.

Nuestras Biblias de Estudio poseen características que ayudan al lector a crecer en el conocimiento de las Sagradas Escrituras y a comprenderlas mejor. Vida Nueva es el más completo y actualizado plan de estudio de Escuela Dominical y el mejor recurso educativo en español. Además, nuestra serie de grabaciones de alabanzas y adoración, Vida Music renueva su espíritu y llena su alma de gratitud a Dios.

En las siguientes páginas se describen otras excelentes publicaciones producidas especialmente para usted. Adquiera productos de Editorial Vida en su librería cristiana más cercana.

Vida

DEDICADOS A LA EXCELENCIA

Una vida con propósito

Rick Warren, reconocido autor de *Una Iglesia con Propósito*, plantea ahora un nuevo reto al creyente que quiere alcanzar una vida victoriosa. La obra enfoca la edificación del individuo como parte integral del proceso formador del cuerpo de Cristo. Cada ser humano tiene algo que le inspira, motiva o impulsa a actuar a través de su existencia. Y eso es lo que usted podrá descubrir cuando lea las páginas de *Una vida con propósito*.

0-8297-3786-3

LIDERAZGO CON PROPÓSITO

AUDIO LIBRO

0-8297-4895-4

En estos doce capítulos acerca del liderazgo, el pastor Rick Warren examina la vida y el ministerio extraordinario de Nehemías, esbozando importantes puntos de vistas y analogías acerca de lo que conlleva el tener un éxito rotundo en la conducción de las personas a través de proyectos difíciles.

LA FUERZA DEL LIDERAZGO

0-8297-3917-3

Existe un verdadero gigante dormido próximo a despertarse: LA IGLESIA DE JESUCRISTO. Muy pronto seremos los protagonistas de su despertar. El secreto se centrará en LA FUERZA DEL LIDERAZGO.

NVI Audio Completa

0-8297-4638-2

La Biblia NVI en audio le ayudará a adentrarse en la Palabra de Dios. Será una nueva experiencia que le ayudará a entender mucho más las Escrituras de una forma práctica y cautivadora.

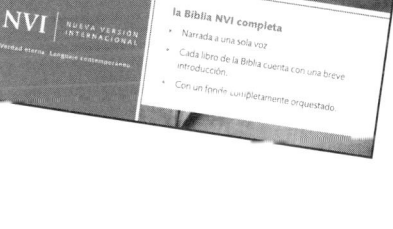

Biblia NVI
Libertad en Cristo

0-8297-4067-8

Biblia RVR60 Libertad en Cristo
0-8297-4096-1

Lo que parecería una falsa retorica es real: se puede ser libre en Cristo. Libre de las depresiones, las adicciones, la rabia, la ansiedad, el miedo o cualquier otro problema que haya permanecido por mucho tiempo. Si la libertad es algo que ha perseguido para usted o para alguien a quien ama, este sencillo estudio de cincuenta y dos semanas de la Biblia representará una profunda y duradera experiencia.

*Nos agradaría recibir noticias suyas.
Por favor, envíe sus comentarios sobre este libro
a la dirección que aparece a continuación.
Muchas gracias.*

Editorial Vida®.com

**Editorial Vida
8410 N.W. 53rd Terrace - Suite 103
Miami, Florida 33166**

*vida@zondervan.com
www.editorialvida.com*